作者简介

刘倩，北京师范大学一带一路学院副院长、新兴市场研究院副院长，经济学副教授、硕士生导师，北京师范大学经济学博士、麻省理工学院联合培养博士、哈佛大学访问学者，新兴经济体研究会理事。研究领域为发展经济学、社会经济学、区域经济发展。在《中国社会科学》《世界经济与政治》《经济地理》《经济理论与经济管理》等国内外学术期刊发表文章三十余篇，在《光明日报》《人民日报》等主流媒体发表评论文章二十余篇。主持国家社科基金及各类省部级项目十余项。

王莹莹，北京师范大学经济与资源管理研究院应用经济学专业在读硕士生。研究方向包括国际投资与世界经济、区域经济发展等。

廖舟，北京大学国际关系学院国际政治经济学专业在读博士生。研究方向包括科技政策、全球治理和中美关系等。

刘诗琪，广西桂林人。纽约大学硕士，中国社会科学院与荷兰莱顿大学联合培养博士。国际关系专业，主要研究"一带一路"、中非关系、南南合作等。主笔、主研省部级课题十余项，参与国家社会科学基金重大项目多项，发表相关研究领域论文二十多篇。

高质量共建"一带一路"丛书 | 王守军 胡必亮 主编

数字"一带一路"

刘 倩 王莹莹 廖 舟 刘诗琪 著

BELT
AND
ROAD

北京师范大学出版集团
BEIJING NORMAL UNIVERSITY PUBLISHING GROUP
北京师范大学出版社

总　序

　　2008 年，金融危机在美国全面爆发并迅速通过股市、债市、汇市、贸易、投资等渠道快速扩散到了与美国经济金融关系紧密的欧洲，因此欧洲很快也陷入了严重的债务危机之中。同时，金融危机也蔓延到了整个世界，新兴市场国家和发展中国家也深受其害。为减轻不利影响，世界各国都采取了积极应对之策以稳定金融秩序、刺激经济增长。美联储在一年左右时间连续降息 10 次后使联邦基金利率为零，奥巴马总统上台不到一月就签署了总额为 7870 亿美元的经济刺激计划；我国的反应更快，在美国金融危机尚未全面爆发之时，国务院已于 2008 年 11 月出台了十项措施，投资 4 万亿人民币刺激经济增长；欧盟建立了一个总额为 7500 亿欧元的救助机制以遏制债务危机的进一步扩散并捍卫欧元。总之，世界各国、各区域都采取了积极救市政策，试图缓解和控制金融危机的扩散。

尽管如此，2008 年的全球金融危机还是给全世界的金融、经济、政治等各方面都带来了很多负面影响，而且这些影响是长期的、深刻的。以欧洲为例，直到 2012 年，欧洲债务危机仍然十分严重，欧洲经济疲软、失业率居高不下。其他地区和国家的具体情况可能有所不同，但总体而言 2008 年的全球金融危机发生多年后，世界金融市场并不稳定，经济增长仍然乏力，失业率依然较高，有些国家还出现了政治动荡，全球治理更加失序。

在这样的历史背景下，联合国和其他国际组织以及很多国家都提出了一些帮助世界稳定金融秩序、促进经济增长、完善全球治理的倡议和方案。也正是在这样的国际大背景下，结合中国进入新时代后构建全面对外开放新格局的需要，习近平总书记利用他 2013 年秋对哈萨克斯坦和印度尼西亚进行国事访问的机会，先后提出了共建丝绸之路经济带和 21 世纪海上丝绸之路的重大倡议，合称“一带一路”倡议。

习近平总书记提出共建“一带一路”倡议的基本思路，就是用创新的合作模式，通过共同建设丝绸之路经济带和 21 世纪海上丝绸之路，加强欧亚国家之间以及中国与东盟国家之间乃至世界各国之间的政策沟通、设施联通、贸易畅通、资金融通、民心相通，从而使世界各国之间的经济联系更加紧密、相互合作更加深入、发展空间更加广阔。从经济方面来看，通过共建"一带一路"，加强世界各国的互联互通，更好地发挥各国比较优势，降低成本，促进全球经济复苏；从总体上讲，参与共建各方坚持丝路精神，共同把"一带一路"建成和平之路、繁荣之路、开放之路、创新之路、文明之路，把"一带一路"建成互利共赢、共同发展的全球公共产品和推动构建人类命运共同体的实践平台。

在共建"一带一路"倡议提出五年多时间并得到世界绝大多数国家和国际组织认可、支持并积极参与共建的良好形势下，习近平总书记在 2019 年 4 月举行的第二届"一带一路"国际合作高峰论坛上又进一步提出了高质量共建"一带一路"的系统思想，包括秉承共商共建共享原则，坚持开放、绿色、廉洁理念，努力实现高标准、惠民生、可持续目标等十分丰富的内容，得到了参会 38 国元首、政府首脑和联合国秘书长、国际货币基金组织总裁以及广大嘉宾的高度认可。这标志着共建"一带一路"开启了高质量发展新征程，主要目的就是要保障共建"一带一路"走深走实，行稳致远，实现可持续发展。

面对 2020 年出现的新冠肺炎疫情全球大流行的新情况，习近平总书记提出要充分发挥共建"一带一路"国际合作平台的积极作用，把"一带一路"打造成团结应对挑战的合作之路、维护人民健康安全的健康之路、促进经济社会恢复的复苏之路、释放发展潜力的增长之路；2021年4月，习近平总书记又提议把"一带一路"建成"减贫之路"，为实现人类的共同繁荣作出积极贡献。

随着共建"一带一路"的国际环境日趋复杂、气候变化等国际性问题更加凸显，习近平总书记从疫情下世界百年未有之大变局加速演变的现实出发，在2021年11月举行的第三次"一带一路"建设座谈会上，就继续推进共建"一带一路"高质量发展问题提出了有针对性的新思想。重点是两个方面的内容：一方面，坚持"五个统筹"，即统筹发展和安全、统筹国内和国际、统筹合作和斗争、统筹存量和增量、统筹整体和重点，全面强化风险防控，提高共建效益；另一方面，稳步拓展"一带一路"国际合作新领域，特别是要积极开展与共建国家在抗疫与健康、绿色低碳发展与生态环境和气候治理、数字经济特别是"数字电商"、科技创新等新领域的合作，培养"一带一路"国际合作新增长点，继续坚定不移地推动共建"一带一路"高质量发展。

在我国成功开启全面建设社会主义现代化国家新征程、向第二个百年奋斗目标进军的关键历史时刻，习近平总书记在中国共产党第二十次全国代表大会上又一次明确指出，推动共建"一带一路"高质量发展。

为了全面、准确理解习近平总书记关于高质量共建"一带一路"的系统思想，完整、系统总结近十年来"一带一路"建设经验，研究、展望高质量共建"一带一路"发展前景，北京师范大学一带一路学院组织撰写了这套《高质量共建"一带一路"丛书》，对"一带一路"基础设施建设、"一带一路"与工业化、"一带一路"贸易发展、"一带一路"金融合作、绿色"一带一路"、数字"一带一路"、"一带一路"与新发展格局、"一带一路"与人类命运共同体、"一带一路"投资风险防范等问题进行深入的专题调查研究，形成了目前呈现在读者面前的这套丛书，希望为广大读者深入理解高质量共建"一带一路"从思想到行动的主要内容和实践探索提供参考，同时更期待大家的批评指正，帮助我们今后在高质量共建"一带一路"方面取得更好的研究成果。

2021 年中国共产党隆重地庆祝百年华诞，2022 年党的二十大的召开，对推进我国社会主义现代化强国建设都具有十分重要的战略意义；今年也是北京师范大学成立一百二十周年。因此，我们出版这套丛书，对高质量共建"一带一路"这样一个重大问题进行深入探讨，很显然也具有重要且独特的历史意义。北京师范大学出版集团党委书记吕建生先生、副总编辑饶涛先生、策划编辑祁传华先生及其团队成员都非常积极地支持这套丛书的出版，并为此而付出了大量时间，倾注了大量心血，对此我们表示衷心感谢！我们的共同目标就是希望用我们的绵薄之力，为推动共建"一带一路"高质量发展、为实现中华民族伟大复兴以及为推动构建人类命运共同体而作出应有的贡献。

王守军　胡必亮

2022 年 10 月 26 日

目　录

第一章 | **全球数字化发展新格局**

　　世界正处于百年未有之大变局，人类社会发生着有史以来最为迅速、广泛、深刻的变化。自20世纪八九十年代以来，以集成电路、计算机、互联网为代表的信息技术成为经济发展的重要驱动力，信息技术渗透到了社会生活的方方面面，拉开了信息经济时代的帷幕。随着信息技术革命突飞猛进、经济全球化深入发展，数据成为核心生产要素，融入生产制造、企业经营等全方位经济领域中，以大数据、云计算、物联网、区块链、人工智能、5G通信为代表的数字技术，进一步推动信息化向数字化发展，推动信息经济步入数字经济发展阶段,加速人类从信息时代向数字时代过渡。全球数字化发展新格局下,数字"一带一路"稳步推进,中国与共建"一带一路"国家在数字技术和数字经济领域的合作持续深入,具有丰富的时代意义。

一、从信息化到数字化

20 世纪八九十年代的西方发达国家,以通信、互联网等信息通信技术为载体,催生了一种超越传统经济的新技术经济形式——信息经济。从此之后,信息通信技术(Information and Communications Technology,ICT)与互联网在商业活动以及经济增长中的作用开始被世界各国、社会各界广泛关注。信息经济秉承以互联网创新、信息通信技术推动经济发展为核心的新理念,开启了新兴技术领域创新与经济发展融合的先河,为开创互联网与 ICT 技术以改造传统产业、惠及广大民众、带动创新型经济发展的新格局做出了很有意义的尝试。

(一)全球数字化发展现状与特征

1. 数字用户的广泛普及

国际电信联盟(ITU)发布的《衡量数字化发展:2021 年事实

与数字》报告显示，全球互联网使用量强劲增长，截至 2021 年，全球有超过一半的人口（49 亿人）在使用互联网，约占世界人口的 62.5％。（见图 1-1）2015 年到 2021 年，4G 网络覆盖范围在全球范围内扩大了一倍，到 2021 年年底覆盖全球近 88％的人口。从各区域来看，2021 年，欧洲、独联体地区、美洲互联网普及率显著高于全球平均水平，分别为 87％、82％和 81％，最后是阿拉伯地区（66％）、亚太地区（61％）和非洲地区（33％）。

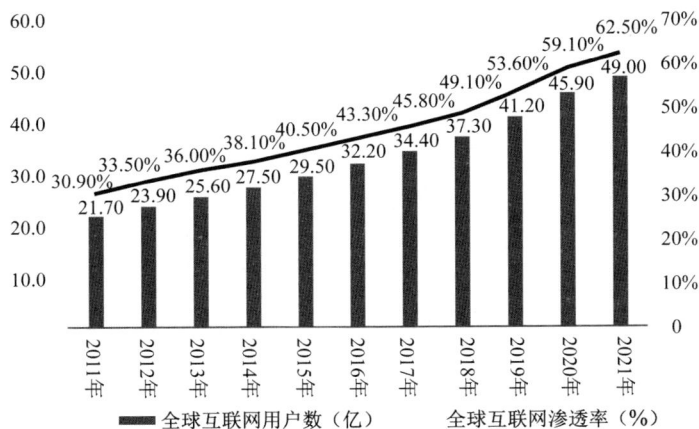

图 1-1　2011—2021 年全球互联网用户数及其渗透率

数据来源：ITU

　　疫情后，全球数字化发展步伐加快。固定宽带用户继续稳步增长，2021 年全球平均每 100 名居民中有 17 个固定宽带用户。国际带宽使用总量最高的地区是亚太地区，约是欧洲和美洲的两倍。手机得到广泛使用，2018—2020 年的数据显示，在统计的 74 个经济体中，手机普及率超过 80％的有 39 个。

2. 数据流量的迅猛增长

2018年，人均联网设备已经达到了2.4台，到2023年，连接到IP(Internet Protocol，网际协议)网络的设备数量将是全球人口的三倍以上。预计到2023年，人均联网设备将达到3.6台。此外，2015年，全球IP流量进入ZB[①]时代，2022年，全球IP流量达到每年4.8 ZB，即每月409.6 EB，高于2017年的每月122 EB。[②]

3. 信息经济领域创新氛围浓厚

根据《世界知识产权指标报告》(*World Intellectual Property Indicators Report*)，从信息通信产业看，企业在数字通信、计算机技术、通信等ICT相关技术领域的专利持续快速发展，在2019年全球专利公开量中合计占比已超过15%。其中，计算机技术专利以超过28.4万件的公开量位居专利公开第一，年复合增长率达8%，数字通信和通信专利公开量分别达到了15.5万件、5.8万件。与此同时，包括以互联网为代表的新兴信息服务领域的新应用和新业态层出不穷，信息通信技术在工业和服务中的广泛深度应用，不断催生先进制造业和现代服务业的发展新模式、新业态和新产业。

[①] ZB(Zeta Byte)，1ZB=1024EB，1EB=1024PB，1PB=1024TB，1TB=1024GB.

[②] 数据来源：Cisco Annual Internet Report。

4. 信息经济领域发展迅速

在 2021 年 Inc. 5000 增长最快的 5000 家美国企业中，约 1/5 的企业来自 IT 企业。根据德勤公司统计，2021 年增长最快的 500 家美国高科技公司排名显示，370 家企业来自 IT 产业。移动互联网、云计算、物联网、大数据、电子商务等新兴信息产业持续以 50％以上的速度快速增长，信息经济已经成为撬动现代经济增长最为重要的杠杆。

5. 数据资源成为最重要的战略性资源之一

数据资源是信息经济特有的战略性资源。数据信息的来源多种多样，由于传感器和传感器网络、宽带网络、数据库、数据挖掘、机器学习、数据虚拟和数据分析等新一代信息技术的演进，信息获取和处理的广度、深度、速度正在发生着革命性的变化，政治、国防和军事、经济和社会等决策的系统性、及时性、科学性也将随之发生质变。（见图 1-2）

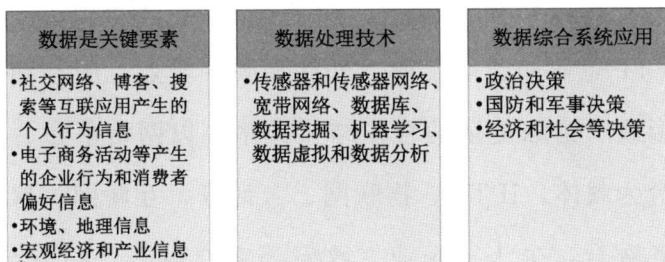

数据是关键要素	数据处理技术	数据综合系统应用
•社交网络、博客、搜索等互联应用产生的个人行为信息 •电子商务活动等产生的企业行为和消费者偏好信息 •环境、地理信息 •宏观经济和产业信息	•传感器和传感器网络、宽带网络、数据库、数据挖掘、机器学习、数据虚拟和数据分析	•政治决策 •国防和军事决策 •经济和社会等决策

图 1-2　数据资源成为最重要的战略资源之一

6. 建立全球整合的平台型生态系统成为信息经济中最为显著的产业组织特征

在移动互联网领域，谷歌打造了以安卓操作系统为核心的平台生态系统，其中融合了中国移动、中国电信和中国联通等电信运营商，三星、华为、中兴、联想等终端企业，ARM、英特尔、高通等半导体企业，展现出了极强的市场竞争力。

在芯片和集成电路领域，ARM 采用 IP 授权模式，建立了授权使用核心知识产权的生态系统。ARM 向半导体公司授权技术设计，是世界领先的半导体知识产权提供商。半导体公司则利用 ARM 技术设计制造芯片，根据每个芯片的售价收取专利使用费。据统计，ARM 处理器的授权稳步增长，2006 年以来，每年增长 60～90 个处理器授权。

在整合集成发展战略领域，IT 硬件、软件、服务企业、电信运营商、终端企业等普遍采取全球整合集成战略，建立平台生态系统，全方位融合发展。微软、苹果、Google、英特尔、ARM 等 IT 企业和通信企业、软件和硬件企业、服务和制造企业之间形成了错综复杂的合作结盟关系，以网络平台、终端软硬件平台为载体，IPTV、物联网、云计算、互联网、移动互联网等业务融合，个人、企业、政府等客户融合，制造与服务、产品与服务融合不断扩展和深化。

(二)主要国家和地区信息化与数字化战略

21 世纪以来，信息经济逐渐成为许多国家战略规划的重要组成部分，美国、欧盟、英国、澳大利亚等许多国家和地区纷纷结合自身优势，综合自身经济发展情况，制定了信息经济及数字经济相关的政府战略规划，确立了明确的战略目标。(见表 1-1、表 1-2)

表 1-1　主要国家和地区数字战略

国家/地区	战略名称
阿根廷	国家数字议程
	阿根廷国家电信连接规划
爱沙尼亚	2007—2013 年信息社会战略
	2020 年爱沙尼亚数字议程
奥地利	研究、技术与改革战略
澳大利亚	国家数字经济战略
巴西	智慧巴西
德国	德国 2015 年数字计划
俄罗斯	信息社会(2011—2020)
荷兰	数字化议程
加拿大	"优势加拿大"计划
捷克共和国	下一代互联网发展规划
	2007—2015 年智能化管理战略
美国	美国 ICT 改革相关战略
挪威	挪威数字化议程
葡萄牙	2015 年数字化议程
日本	信息与通信技术全新战略

续表

国家/地区	战略名称
瑞典	瑞典数字化议程
瑞士	瑞士信息社会发展战略
土耳其	土耳其数字化改革工程
乌兹别克斯坦	2016—2018 年在乌兹别克斯坦发展电子商务的构想
西班牙	前进计划 2(Plam Aranza 2)
新西兰	政府信息通信技术的方向与工作重点
匈牙利	数字化复兴行动计划
印度	印度制造计划
英国	数字经济法案
越南	使越南尽快进入先进 ICT 国家
欧盟	欧洲数字议程

表 1-2　主要国家和地区信息经济及数字经济战略定位及诉求

国家/地区	战略	定位或诉求
澳大利亚	信息经济战略 2004—2006	建立高度发达与可靠的信息基础设施,营造更加安全的环境,建立完善创新体系,建立高效的政府服务体系
	2020 数字经济战略	2020 年将澳大利亚建设成世界领先的数字经济体
保加利亚	2020 经济发展战略	供水技术设施、电子商务、交通基础设施、城乡均衡发展、能源效率、创新和提高中小企业竞争力为优先发展目标
波兰	2014—2020 数字波兰	加强波兰数字化基础,使波兰成为欧盟地区的领导者之一
德国	数字德国	借助 ICT 推动德国经济可持续增长,促进就业,提升社会福利

续表

国家/地区	战略	定位或诉求
哈萨克斯坦	数字哈萨克斯坦	促进哈萨克斯坦通信技术发展
捷克共和国	数字捷克	发展捷克通信产业
罗马尼亚	数字战略议程2020	2020年前，战略实施结果所带来的直接或间接影响使GDP增长13%，就业人口增长11%，行政开支减少12%
马来西亚	多媒体超级走廊	将马来西亚打造成东方的信息经济强国
摩洛哥	信息社会和数字经济国家战略	有效应对IT领域的经济全球化挑战，推动摩洛哥成为信息科技领域逐步发展和有活力的国家
苏格兰	苏格兰数字化未来	充分利用数字化时代所提供的机遇以确保苏格兰的数字地位
印度	数字印度	全国各地乡村能宽带上网
英国	"数字英国"白皮书	确保英国成为全球领先的数字经济体
欧盟	欧洲数字议程	最大限度发挥ICT技术在经济社会发展中的作用。发挥互联网作为经济社会发展的关键媒介在商业、娱乐、通信等方面的作用
东盟	东盟信息通信技术总体方案2015	使东盟成为发展信息通信技术的全球基地，提高东盟一体化程度

美国是全球数字技术创新的主要推动者。从20世纪90年代起，美国先后发布了网络与信息技术计划、云计算、先进制造计划等国家战略，强化在信息经济领域的领先和优势地位。

1993 年，美国发布《国家信息基础设施计划》，1994 年发布《全球信息基础设施计划》。1998 年，美国商务部发布《浮现中的数字经济》系列报告，随后连续五年发布《数字经济报告》。2010年，《联邦网络与信息技术研究开发计划》发布，提出网络与信息技术研究前沿领域，如人机互动、大数据管理与分析、可信系统与网络安全、可扩展系统与网络、软件开发与演进、高性能计算。2011 年发布《联邦云计算战略》。2012 年，《美国创新战略》明确将建设先进的信息技术生态系统确定为重点任务之一。2019 年，特朗普签署《维护美国人工智能领导地位的行政命令》，强化关键技术领域的国际竞争。除此以外，还颁布了《临时国家安全战略指南》《2021 年战略竞争法案》《2021 美国创新与竞争法案》等一系列竞争性法案，确保美国在人工智能、5G、自动驾驶等数字经济领域的领先地位，并通过美国国际开发署发布了《数字战略（2020—2024）》（Digital Strategy 2020—2024），试图在全球范围构建以自身为主导的数字生态系统。随着世界科学技术的不断发展，美国的信息化战略不断增加和跟进，力求始终保持数字化在世界的领先地位。美国依托其先进的信息技术及信息产业，从一个制造业国家转变为以技术与知识、品牌、服务为主的知识经济型国家。美国的数字战略是先进的，其先进性来源于政府以及社会各方对信息技术及产业的支持与保护。①

2000 年，为快速形成先进的信息通信网络社会，日本制定"IT 基本法"，奠定了 IT 政策的法律基础。其后，IT 战略本部提出了"e-Japan 战略"，计划至 2005 年全日本建成 3000 万家庭宽带上网及 1000 万家庭超宽带（30～100Mbps）上网环境，在 5 年内使日本成为世界上最先进的信息化国家。2003 年，日本提前完成"e-Japan"战略目标。之后，日本总务省于 2004 年 5 月又正式提出了以发展 ubiquitous 社会为目标的"u-Japan"构想，计划创造一个"u"的上网环境：网络无处不在，人们可以在任何地点、任何时间连接网络，使包括儿童和残疾人在内的所有公民都能积极参与到社会活动中。② 2010 年 7 月，日本出台《新信息通信技术战略》，提出三大领域和目标，包括建立公民导向的电子政府、重建社会纽带、创造新市场、提升国际化。2013 年，日本提出 IT 新战略，推进对民营企业的信息开放，旨在 2020 年前后建成世界一流的"IT 应用型社会"。由此可见，随着互联网的发展变化，日本的数字战略牢牢抓住了互联网蓬勃发展的机遇，推动着国民经济和社会的稳步发展。

---

① 胡微微、周环珠、曹堂哲：《美国数字战略的演进与发展》，载《中国电子科学研究院学报》，2022 年第 1 期。

② 刘京蕾：《互联网时代的全球主要国家信息化战略》，载《互联网周刊》，2015 年第 10 期。

二、数字化与数字经济

(一)数字经济：经济发展的新阶段

数字经济(Digital Economy)指以数据资源作为关键生产要素、以现代信息网络作为重要载体、以信息通信技术的有效使用作为效率提升和经济结构优化的重要推动力的一系列经济活动。回顾人类社会经济发展历史，从生产力的角度来看，人们已经经历了农业经济阶段和工业经济阶段，过渡到信息经济阶段，而今正逐渐进入数字经济阶段，数字化转型正在驱动生产方式、生活方式和治理方式发生深刻变革，对世界经济、政治和科技格局产生深远影响。

农业经济和工业经济属于物质经济，即以物质和能源消耗为基础的经济形态，此前一直主导着人类的经济活动。

农业经济属于劳动密集型的产业模式，是人类社会存在和发展的基本条件。其生产目的主要是解决人类温饱问题，生产资料主要是土地等自然资源，劳动对象是动植物等生物群体，代表性的生产技术是手工工具。代表性产业包括种植业、养殖业、捕捞业等；主要的生产要素为劳动力，特别是体力劳动。

18 世纪后期的产业革命标志着以大规模、高效率的制造业为主的工业经济的兴起。在工业经济中，生产资料主要是资本，生产技术向着机械化、电动化、自动化的方向发展，具有代表性的比如纺织机、蒸汽机、各类机床、电动机、内燃机等。代表性产业包括纺织工业、机械工业、钢铁工业、汽车工业、能源工业等；生产要素从早期的劳动力逐步转为资本要素。可以说，工业经济解放了人类的体力劳动，同时带动和促进了第一、第三产业的发展。

20 世纪 70 年代以后，数字技术的发展改变了人们通信和获取信息的手段。其主要目标是提高数字技术和信息资源在整个经济社会领域的开发利用水平，从而生产高质量、高效率的产品和服务；它以数字化产业为国民经济的支柱产业，这些产业对技术或者脑力劳动来说其依赖程度越来越高；与此同时，生产技术电子化、数字化、智能化的趋势更加突出。进入 20 世纪 90 年代后，企业和个人借助电脑和互联网享受到即时交换电子邮件、数据乃至交流思想的便利。各种家用电器设备、信息处理设备都将向数字化方向转变，如数字电视、数字广播、数字电影、DVD 等。现在通信网络也正朝着数字化的方向发展。进入 21 世纪后，大数据、云计算、物联网、区块链、人工智能等技术加速创新，日益融入经济社会发展各领域全过程。数字化技术正在引发一场范围广泛的产品革命——数字革命。

当今世界正发生着人类有史以来最为迅速、广泛、深刻的变化，以数字技术为代表的高新技术突飞猛进，以数字化和数字产业发展水平为主要特征的综合国力竞争日趋激烈。数字化给经济发展和社会进步带来的深刻影响，引起世界各国的普遍关注。发达国家和发展中国家都十分重视数字化，把加快推进数字化作为经济和社会发展的战略任务（见图1-3）。

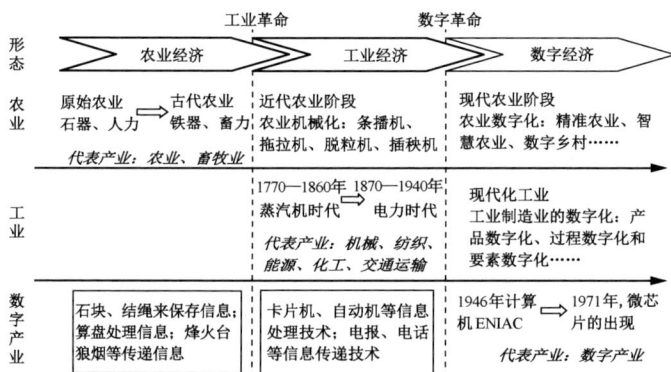

图1-3 农业经济、工业经济与数字经济

一般认为，数字经济也是一个信息和商务活动都数字化的全新的社会政治和经济系统，它与传统物质经济相比具有诸多不同特征，主要表现为：

第一，数字经济是一种集约型经济。信息成为重要战略资源和投入要素。在生产中，信息和知识的投入量加大，从而使产品价值增值，产生"产值倍增效应"，所生产的产品和服务中包含的信息成分明显增加。

第二，数字经济是可持续发展的经济，它在提高效率和效益的同时减少了能源、物质的消耗以及传统经济对环境的污染和生态的破坏。

第三，数字经济是以数字技术为基础、数字产业为支柱的服务型经济。

第四，在数字经济中，第一、第二、第三产业与其支柱产业——数字产业构成矩阵式的产业结构，兼容在各行各业中。

第五，数字经济条件下就业结构明显改变。数字经济是知识和技术密集型的经济形式，以科学家、工程技术人员、软件编程人员等脑力劳动者为主的劳动力在全部劳动力中的占比越来越大、地位越来越重要，传统体力劳动者将经过再教育成为新的脑力劳动者。信息工作者取代机器直接操作者成为劳动力的主体，与信息相关的从业人数占就业总人数的比例越来越大。

第六，在数字经济条件下，社会经济将加快变化速度，科学技术以几何级数的速率发展，知识和信息大量产生，信息网络和信息技术复合发展。

第七，由于信息的流通不受时空约束，促使经济的开放程度大大提高，生产规模不断扩大，生产已经不局限于一国范围，各国之间相互补充和促进，因而数字经济必然成为全球化经济。

(二)数字经济内涵

美国 IT 咨询专家泰普斯科特在《数字经济时代》中通过论述美国信息高速公路普及化之后所产生的新经济体制，首先提出并宣告了数字经济的来临。[①] 他在该书中通过大量商业实例分析信息技术广泛应用过程中市场、管理、社会等方面的新变化和对策，指出数字经济时代是一切信息数字化和以知识为基础的时代；1998 年，泰普斯科特在《数字经济蓝图》中尤其关注电子商务，认为电子商务的发展决定数字经济的未来，并在《数字化成长：网络时代的崛起》(1998)中提出"网络新生代"(Net-Generation)的概念。[②] 但泰普斯科特在上述著作中均没有涉及数字经济的具体分析性概念。

1998 年，美国商务部发布关于数字经济的第一部报告《浮现中的数字经济》，揭示信息产业对美国经济乃至世界经济的影响。[③] 自此，国外掀起了广泛关注数字经济的浪潮。学术界、政府部门和商业界分别对数字经济提出了不同的见解。

---

① Tapscott D. The Digital Economy：Promise and Peril in the Age of Networked Intelligence，New York，McGraw-Hill，1996.

② Tapscott D. Blueprint to the Digital Economy：Creating Wealth in the Era of E-business，New York，McGraw-Hill，1998.

③ United States. Department of Commerce. The Emerging Digital Economy，US Department of Commerce，1998.

国外学术界关于数字经济的讨论主要体现在两方面：一方面是从技术融合及其对社会经济运行模式创新的角度探讨数字经济的内涵；另一方面从更广泛的经济形态来探讨数字经济的内涵。

布伦特·莫尔顿(Brent R. Moulton)从分析数字经济与信息技术和电子商务相互关系的角度入手，认为数字经济包括信息技术和电子商务。他进一步指出，信息技术指信息处理和相关设备(软件、半导体和通信设备)，电子商务是通过互联网出售商品和服务。[①]

尼尔·莱恩(Neal Lane)认为数字经济是当代经济社会发展过程中不断追求的重要目标。他对数字经济概念做出了进一步的解释：所谓数字经济指的是计算机技术和通信技术在互联网中的融合，并引发的信息与技术交流促进了所有的电子商务与大量的组织变革。[②] 很明显，尼尔·莱恩强调信息、计算机、通信技术的融合是数字经济发展的驱动力。正是这种融合引发了广泛社会变革，创造了新的经济模式。

英国学者保尔和詹姆斯从更加宽泛的角度对数字经济进行了分析。数字经济不应当仅仅局限于技术融合及影响或者电子

---

① Moulton B R. "GDP and the Digital Economy：Keeping up with the Changes", *Understanding the Digital Economy Data*, 1999(5).

② Lane N. "Advancing the digital economy into the 21st century", *Information Systems Frontiers*, 1999(3).

商务的层面，而应当具有更加广泛的内涵。他们指出：数字经济代表一场技术革命——改变我们商业、工作和生活的互联网革命；数字经济代表创新行为——驱动新经济的动力；数字经济代表可持续发展——运用数字化技术来减少我们对环境的影响；数字经济代表平等——互联网一定程度上加强社区合作和社会联系性。① 保尔和詹姆斯对数字经济的理解突破了技术和电子商务的局限性，更广泛地将其理解为一种新的经济形态的出现。

另外，国外也有学者认为数字经济是由信息、通信技术所主导的产业。克林（Kling）和兰姆（Lamb）认为数字经济是一个经济部门，该部门商品和服务从制造、销售或供给完全依赖数字化技术；② 科恩（Cohen）、齐斯曼（Zysman）和德朗（DeLong）也明确指出数字经济就是通信技术，尤其指互联网。③

1997 年 5 月，日本通产省提出了"数字经济"的概念，认为它包括四个特征：第一，没有人员、物体和资金的物理移动的经济是可能的；第二，合同签订、价值转移和资产积累可用电

---

① Miller P，Wilsdon J．"Digital futuresan agenda for a sustainable digital economy"，*Corporate Environmental Strategy*，2001(3)．

② Kling R，Lamb R．"IT and organizational change in digital economies：a socio-technical approach"，*Acm Sigcas Computers and Society*，1999(3)．

③ Cohen Stephen S，Zysman John，DeLong Bradford J．Tools for Thought：What is New and Important about the "E-conomy"?，UC Berkeley：Berkeley Roundtable on the International Economy，2000．

子手段完成；第三，作为"数字经济"基础的信息技术将高速发展；第四，电子商务将广泛拓展，数字信息将渗入人类生活的各个方面。很明显，日本政府将数字经济描述为广义的电子商务。

美国政府对数字经济的研究做出了卓越的贡献。美国商务部先后出版了《浮现中的数字经济》（1998 年）、《新兴的数字经济》（1999 年）、《数字经济 2000》、《数字经济 2002》、《数字经济 2003》等数字经济报告，将数字经济定义为信息技术产业和电子商务，并通过大量的统计调查、分析、研究和论证，甚至创造一些新的统计分析方法、新的术语，旨在理解、衡量、解释信息技术带来的美国和世界经济的新变革。[①]

1999 年 10 月，美国统计局公布了电子商务定义及其衡量标准（Measuring Electronic Business Definitions，Underlying Concepts，and Measurement Plans），进一步提出了数字经济的定义和主要概念，包括网络网际、电子商务、电子化企业及网络交易。该报告建议将数字经济的内涵分为四大部分：（电子化企业的）基础建设、电子化企业、电子商务、计算机网络，并相应给出具体定义和界定。（见表 1-3）

---

① Henry D K，Buckley P，Gill G，et al. The emerging digital economy II. Washington，DC：US Department of Commerce，1999.

表1-3 美国统计局对数字经济内涵描述

	电子化企业的基础建设	电子化企业	电子商务	计算机网络
定义	电子化企业流程和电子商务交易运作基础	企业或组织通过计算机网络所进行的任何工作流程	通过计算机网络进行的货品或服务交易	由可经计算机操控的电子书设备所组成的网络
范畴	硬件、软件、通信网络、支持服务及人力资本	生产、顾客及内部或管理方面的企业流程	在特定电子化企业流程（如销售）中发生的交易	包括所使用的硬件、软件及使用者发出的操控命令

美国政府部门报告中提出的数字经济概念，主要是从有利于测量和统计的角度加以考虑，难免存在局限性。但另一方面，这些报告更加注重分析美国数字经济的宏观经济现象。《浮现中的数字经济》《新兴的数字经济》《数字经济2000》等数字经济报告从信息技术产业对经济增长、通货膨胀、就业及劳动市场的影响进行分析，对正在浮现的电子商务进行专门的描述；《数字经济2002》分析了在线环境的改善、信息技术对生产率和通胀的影响、新经济中的就业供需矛盾和信息产业对教育的影响等方面问题，认为尽管美国信息产业投资减少，但新经济仍然持续发展；而《数字经济2003》在继续分析信息产业对美国宏观经济影响的同时，特别注意到数字经济运行的安全性和有效性以及相应所面临的技术和法律挑战。

国外商业精英对数字经济的描述多针对具体现象，提出一些新概念，或者面对市场、企业的局部变化，做出一些新的解释。比尔·盖茨在《数位神经系统》中提出"数字神经"，强调工业时代企业观念强调"全面品质管理"和"企业再造"，而数字化时代企业观念强调的是速度；① Multimedial Development Corporation Sdn Bhd（MDC）执行主席奥斯曼（Othman）根据企业电子商务的广泛应用，将数字经济看作商业环境中物理限制的消除，提出如下观点：电子商务是数字经济的重要支柱之一；数字经济的参与者（交易人、供应商和服务供给者）均构成了完善的网络组织，并且通过网络而非单纯竞争创造价值；数字经济包括的另一方面是从大生产——消费模式向顾客定制生产转变；智力资本是数字经济的推动力。

　　《G20 数字经济发展与合作倡议》中提出数字经济是指以使用数字化的知识和信息作为关键生产要素、以现代信息网络作为重要载体、以信息通信技术的有效使用作为效率提升和经济结构优化的重要推动力的一系列经济活动。随后，中国国家统计局进一步对数字经济进行概念界定，《数字经济及其核心产业统计分类（2021）》文件指出数字经济指以数据资源作为关键生产要素、以现代信息网络作为重要载体、以信息通信技术的有效使用作为效率提升和经济结构优化的重要推动力的一系列经济

----

　　① ［美］比尔·盖茨：《数位神经系统》，王安译，呼和浩特，内蒙古人民出版社 1999 年版。

活动。文件从"数字产业化"和"产业数字化"两方面，确定了数字经济的基本范围，将其分为数字产品制造业、数字产品服务业、数字技术应用业、数字要素驱动业、数字化效率提升业五大类。

同国外相比较，国内数字经济的研究倾向于网络经济、新经济和信息产业发展、信息化建设的国内现实问题。国内关于数字经济的研究主要存在两种观点：一种观点认为数字经济、网络经济、信息经济和新经济没有本质的区别，都是信息技术对经济发展的结果。中国著名经济学家乌家培较早提出网络经济同数字经济没有本质上的区别，只是从某一个特定方面来反映经济的特征。[①] 网络经济强调的是信息及其技术与经济的网络化特征和效应，数字经济突出的是信息技术的数字化特征，在不同的场合使用不同的概念会使表述更准确，可起到互补的作用。在美国新经济现象出现之后，中国学者洪银兴认为新经济是由电脑和互联网驱动的，是对信息经济、网络经济、数字化经济的概括。[②] 数字经济是新经济的一部分。另一种观点认同美国政府数字经济年度报告，将数字经济局限在信息技术和电子商务。持有该观点的学者主要通过借鉴发达国家研究成果对国内电子商务、信息产业发展进行评论或提出政策性建议。

① 乌家培：《谈信息经济与知识经济》，载《情报资料工作》，1998 第 4 期。
② 洪银兴：《新经济的经济学分析》，载《江海学刊》，2001 第 1 期。

比如，姜奇平等人首先在 1998 年翻译出版《浮现中的数字经济》，引起学术界和产业界对电子商务和信息产业的广泛关注；国情研究专家胡鞍钢等人认为中国信息化过程中存在"中国与世界、中国各地区之间以及城乡之间"的三大数字鸿沟，并提出有效克服数字鸿沟的若干建议。①

　　上述两种观点对数字经济的研究具有很大局限性。第一种观点忽视了数字经济的微观经济规律，而第二种观点缺乏系统的研究体系。2000 年以后，中国不少学者在新经济或数字经济的研究过程中普遍关注了技术或者制度在经济发展或增长中的作用，努力从数字化现象分析逐步过渡到规范的经济学分析。比如，姜奇平先生开创性地提出数字经济的直接经济理论，并设想建立新兴制度经济学。② 另外，中国著名学者刘树成和张平在《"新经济"透视》中根据熊彼特（Joseph Alois Schumpeter）的"技术创新论"将"新经济"解释为"由信息技术革命所推动的经济发展与增长"，③ 浙江大学宋玉华教授则借鉴新制度经济学理论分析制度演化在美国新经济的形成中的重要作用。④ 这些研究

　　① 胡鞍钢、周绍杰：《中国如何应对日益扩大的"数字鸿沟"》，载《中国工业经济》，2002 年第 3 期。
　　② 姜奇平：《21 世纪网络生存术》，北京，中国人民大学出版社 1997 年版。
　　③ 刘树成、张平：《"新经济"透视》，北京，社会科学文献出版社 2001 年版。
　　④ 宋玉华：《美国新经济研究——经济范式转型与制度演化》，北京，人民出版社 2002 年版。

成果表明国内对数字经济的研究正在从数字化现象分析逐步过渡到规范的经济学分析。

(三)数字化决定经济增长方式和质量

数字化现已成为新经济增长和发展的显著特征。数字技术的应用不但提高了生产效率和经济增长率,而且改变了许多传统行业的生产要素投入结构和增长方式,提高了经济增长质量,并且促进了新的价值创造模式和新兴产业的涌现。在经济活动中,越来越多的投资流向知识和技术密集的商品和服务,同时研究与开发、教育与培训等方面的投资强度也不断提高。许多国家的经济增长和发展已经日益以知识作为基础。

1. 数字化提高经济运行效率

数字技术在企业中的广泛应用大大提高了企业的运行效率。企业数字化对企业经济性的影响表现在以下方面:

第一,降低成本。数字技术不但替代了大量的重复性人工劳动,而且能对大量信息进行分析判断。数字技术改变了企业的实物和信息的流转模式,不但可以达到准时生产、缩短实物和资金流转周期,降低储存和组织生产的成本,而且可以降低企业组织的协调成本和信息成本。

第二,提高效率。在制造企业中,数字技术已经应用于生产经营的不同层次:从最底层的检测级和设备驱动级等基础自动化，到过程控制级和作业管理级的制造执行系统（MES），再到营销管理级的企业资源计划（ERP）、供应链管理（SCM）和客户关系管理（CRM）等，直到最高层的经营决策级，如计算机集成制造系统（CIMS）、决策支持系统（DSS）、专家系统（EI）等。体现在设备和生产工艺中的数字技术，对于优化工艺过程、提高生产效率、缩短生产周期有很大影响。管理级和决策级的数字化则促使企业组织向扁平化方向转变，大大提高企业的协调和运营效率。

第三，提高竞争力。数字技术在制造企业广泛而深入的应用已经极大地改变了企业的经营组织模式，使企业能及时准确地获取市场需求信息，迅速整合企业内外部的资源完成产品开发—生产—营销的流程，低成本并且快速地满足顾客的个性化需求，从而可以通过大规模定制的经营模式建立数字时代的竞争优势。西方学者的实践研究表明，管理型数字技术容易为企业带来竞争优势，而技术型数字技术则不然，因为数字技术只有与管理有效整合后才能增强不易被模仿的核心能力。大部分数字技术投资产生的竞争优势是短期的，只有将数字技术与企业战略深入整合后才能形成持续竞争优势。

2. 数字化促进经济可持续发展

从工业经济时代进入数字经济时代以后，数字技术以及信息资源作为新的生产要素，越来越多地进入产品生产和市场交易过程当中，在一定程度上改变了传统的经济增长模式，提高了经济增长质量，促进了社会经济的可持续发展。

(1)数字化改进经济增长质量和居民生活质量

数字化能够影响经济增长质量，即数字技术的应用给社会经济和人们的生活带来了质量上的变化。

首先，数字技术的应用很多出现在服务行业，如电子商务在贸易、金融、物流及其他许多商业服务部门的广泛应用，重构了传统服务业的运行模式，提高了服务行业的运行效率，促进了服务行业的快速发展。经济合作与发展组织（OECD）的研究认为，数字技术应用强度最高的服务业（批发和零售、金融、保险及商业服务）同时也是 20 世纪 90 年代对总生产力增长贡献最大的行业。服务业的数字化同时也改变了人们的消费方式，例如，网络金融业的出现不但能够使金融机构降低自己的服务成本，而且能够为客户提供更加多样化、个性化的金融产品和服务，扩展金融服务的范围，在提高自身效益的同时也为客户创造了更多的价值。此外，数字化创造出的新价值，在激烈的市场竞争环境中，不一定完全由生产者自己获取，而很可能通过产品的多样化及迅速降价转移给消费者，形成消费者剩余。

其次，数字技术在制造业的应用效果，除了提高企业运行效率、降低运营成本外，还促进了产品质量的提高，并能帮助企业及时方便地满足不同顾客的特定需求，减少了顾客在产品性能、质量、价格以及获取时间和地域等限制条件上的影响，增加了人们的选择范围和选择内容，从而增加了人们的效用。这种效用增加是经济增长质量改进的一种具体体现。

最后，数字化具有正的外部效应。正如麦特卡菲定律指出的那样，随着网络的不断延伸，网络的价值呈指数增长。这种价值增长方式不同于以往的物质生产过程——仅能通过数量叠加实现价值增长。因此，同等价值数量的投入，通过网络效应将比传统经济方式获得更大的价值回报。

当然，经济增长质量的改进是在数字技术能够得到充分应用的前提下才能实现的。如果数字技术应用的制度环境、人员素质及管理水平达不到一定的要求，则数字化对改进经济增长质量的作用就难以体现出来。事实上，在数字化的初始应用阶段，上述问题都难以避免，现有的组织和管理流程与数字化或多或少都会存在矛盾，数字化的管理流程往往不是直接替代传统的管理流程，而经常是两者并行一段时间。这些问题不仅存在于企业数字化过程中，而且存在于数字化在社会经济应用的所有过程中。这也是数字化对经济增长贡献存在"时滞效应"假说的现实依据。因此，数字化必然要求制度环境、人员素质、管理模式、业务流程等方面的创新和发展。

（2）数字化节约生产和流通环节的物质资源

数字技术在生产和流通过程中的广泛应用，能够提高物质资源的使用效率，降低物质资源的消耗水平。

在工业生产中，计算机辅助设计工具的引入，不但改变了传统图板设计的工作方式，而且能够优化设计过程，节省人力和物力投入；引入数字技术的生产制造过程，能够达到更高的精密度、更低的故障率和废品率，同时能够实现对能源的精准控制和优化，达到能源的高效利用。这些物质资源的节约同时降低了工业生产的废弃物和污染排放水平。此外，数字化在建筑、交通等领域的推广应用，也能够降低这些部门的材料和能源消耗水平，提高资源使用效率，节约物质资源。

在市场流通中，数字技术尤其是互联网的广泛应用，实现了许多信息传递的数字化，节约了物质资源。例如，电子邮件、QQ、MSN等即时通信工具，可以快速完成许多信息的传递，与传统纸质文件的分拣投递过程相比，节省了许多人力和物质资源消耗。

3. 数字化改变传统产业的图景

数字技术的创新不但改变了数字产业自身的产业结构和形态，而且数字技术已经被广泛应用于所有的经济部门，改变了传统农业、工业、服务业的形态和结构，尤其是随着互联网的广泛应用，网络技术已经融合到部分传统产业部门的生产经营活动中去，形成了具有新的生产特征和竞争特征的现代产业。

（1）数字化对农业的影响

农业数字化主要包含三个层次：首先是接收农业相关信息。数字技术为农业生产和经营人员提供了信息和通信工具，可以帮助他们及时了解市场价格、灾害、天气等重要信息。其次是与其他部门的交互作用。基于网络的数字技术可以帮助他们方便地获得来自各方的服务，包括政府的农业计划和资助、在线申请农业项目贷款、在线农产品贸易、在线农业推广和调查反馈，以及收获、施肥及农药使用等技术支持。最后是将数字技术整合到农业生产和管理中去。通过整合数字技术，可以实现农业生产管理的数字化，包括土地档案数字化、农场经营管理数字化、农业统计和数据库的数字化等。

（2）数字化对工业的影响

数字化对工业的影响包括：数字化提升传统产业的技术水平。数字技术有高度创新性、高度渗透性和高度倍增性。它能提高传统产业产品的科技含量，增加其附加值，如计算机辅助设计、计算机集成制造、机电一体化以及电子商务引发商务领域的变革等，成为推动产业升级的重要力量。数字技术对结构升级的作用是深入、立体和内在的提升，能够在其他产业的研发、生产、销售等所有环节发挥作用，提高技术水平，降低产品成本，增加产品附加值，实现产业升级。[①] 美国布鲁金斯学会一项研究成果表明：互联网给美国人带来的成本节约高达每年 2000 亿美元，相当于国内生产总值的 2%，每年可以提高劳动生产率 0.4%。[②]

(3)数字化对服务业的影响

服务业本身就是信息密集型的产业，数字化加强了信息的创造、传递及分析处理能力，使一些传统服务业更新成为现代服务业。一般认为，现代服务业是在工业化比较发达的阶段产生的，主要依托数字技术和现代管理理念而发展起来的知识和技术相对密集的服务业。

以现代物流业为例，数字技术的广泛应用，不但提高了物流业务的效率，而且使作为决策支持的信息系统的构建成为可能，进而使物流的含义发生了重大变化。现代物流是通过经营重要资源的时间(准时快速送达)、物流质量(优质无差错运送)、备货(用户需要的品种和数量)、信息(库存信息、运送信息、送达信息)等物流服务品质的提高，实现企业成本的降低、效益的增加和竞争力的增强。现代物流活动的重心从运送企业转向了需求货主，物流服务的中心从始发地转向目的地，服务形态从

---

① 樊绮：《教师信息技术应用能力的提升之路》，载《中国信息技术教育》，2014 年第 4 期。

② 转引自辜胜阻：《论国家信息化战略》，载《中国软科学》，2001 年第 12 期。

"港到港"（Port to Port）转向"仓库到门"（Warehouse to Door），进而发展到"门到门"（Door to Door）。这些变化都是以数字技术的应用为基础才得以实现的，或者说，数字化是现代物流业的一个主要特征。电子信息交换（EDI）、射频技术（RF）、销售点信息系统（POS）、电子自动订货系统（EOS）、条码技术、全球定位系统（GPS）、地理信息系统（GIS）等数字技术手段的应用，使人们能够及时准确地掌握物质商品的时间、空间和状态信息，提高物流服务的准确性和效率。互联网和通信技术的发展，可以方便地传递关于商品状态和需求的各种信息，基于电子商务的物流服务正在快速发展当中。

4. 数字化推动产业创新

数字化可以看作基于数字技术革命的经济增长方式转变过程，除了改变传统产业的生产模式外，最直接和最根本的产业变化还是出现在数字技术部门自身。其中，包括随着数字技术创新浪潮形成的数字化产业的快速膨胀，数字化产业中的制造部门与服务部门相对地位的变化，以及数字化产业内部的融合趋势。

随着数字技术的不断创新和社会经济各部门对数字技术需求的不断增长，数字化产业的结构也在不断分化，并出现了一些新型产品和新兴行业。这些行业往往以网络及相关数字技术作为生产工具，并以信息和知识等非物质产品为投入要素和生产对象，为用户提供更多的是服务而非简单的产品，因而表现出服务业的许多特征。这也是知识经济或数字经济的一个重要特征。

以软件业为例，软件业是数字化产业中一个以知识为基础的子产业。软件业包括软件产品（主要包括系统软件、支撑软件和应用软件）的生产和相关的系统集成、咨询、维护等服务活动。美国经济学家诺德豪斯指出，在美国"新经济"的三个主要组成部分——硬件（主要指计算机及其外部设备）、通信系统和软件中，软件是最具创造性、最根本和发展最快的部分。当今美国50%的设备投资用在了数字化产业上，其中软件业几乎占了数字化产业投资的20%。

从生产特征来看，软件业与传统产业有明显的差别。第一，软件业是以知识为基础的行业，以拥有智力资源的人才为主要投入要素，因此可以看作知识密集和劳动密集型的产业，而不需要物质资源的大量消耗，并且不会造成环境污染。第二，软件产品生产的边际成本主要发生在第一单位的生产过程，此后再生产软件产品的边际成本接近于零（仅发生少量的复制成本和载体成本）；然而，正因为软件产品再生产边际成本很小的特征，加上易于复制的数字化特征，容易引起软件盗版的问题。

从消费特征来看，软件产品是典型的知识密集型产品，用户需要投入时间、精力和知识进行学习，形成一定的学习成本，造成用户的产品"锁定"，即先行的软件产品提供商容易巩固自己的先行者优势。随着互联网的发展，越来越多的软件产品面向网络应用，麦特卡菲定律的存在更强化了这种趋势，尤其表现在网络系统软件、中间件及网络通信工具等方面。

从竞争结构来看，美国等少数发达国家的大型软件公司几乎完全垄断了系统软件市场，而应用软件市场则接近于完全竞争状态。

三、中国数字经济发展历程

数字经济是继农业经济、工业经济之后的第三种经济形态。它不仅赋予了世界经济全新的增长动力，而且为中国经济社会转型发展提供了重要契机。根据中国国家信息中心发布的数据，我国数字经济规模 2021 年达到 45.5 万亿元，GDP 占比 39.8%，多年居世界第二。当前，数字经济已经成为中国经济发展的新引擎，中国正在更加主动地融入并推动全球数字经济发展的浪潮。

(一)中国数字经济发展历程

伴随着数字化的进程，经济的发展与数字化技术早已融合。

不论是通信行业，还是互联网行业，都在不断为经济的发展与创新增添新的活力。

中国的数字经济发展历程相较于美国等发达国家，起步较晚，但是发展速度惊人，在短短 20 年的时间里，数字经济便占据国家经济发展中举足轻重的地位，并且在世界舞台上也有突出的表现。纵观中国的数字经济发展，整个过程大致经历了以下四个阶段：

1. 准备阶段(1994 年之前)

1900 年，中国第一部市内电话在南京问世。1904 年，俄国在山东烟台至牛庄架设无线电台。由此，中国沿用了数千年的邮驿制度和民间的通信机构开始被现代邮政业和电信业取代。1949 年之后，中华人民共和国政府迅速恢复并发展通信产业。1958 年，北京电报大楼在长安街旁被建立起来，这也成了新中国通信发展的一个重要里程碑。虽然中国的电信业务一度发展缓慢，1978 年全国电话普及率只有 0.38%，只达到了当时世界水平的⅒，但是随着改革开放序幕的拉开，中国政府开始努力消除落后的通信网络给经济发展带来的影响。20 世纪 80 年代以来，中国政府加快电信业的基础设施建设，并且开始实施通信行业市场化改革，随后逐步形成了中国移动、中国电信和中国联通三家国有通信企业竞争发展的格局。

在这一阶段的移动通信主要依靠第一代移动通信技术，简称 1G。由于受到传输宽带的限制，不能进行移动通信的长途漫游，只能是一种区域性的移动通信系统。第一代移动通信有很多的不足之处，比如容量有限、制式太多、互不兼容、保密性差、通话质量不高、不能提供数据服务、不能提供自主漫游等。

在这一阶段，中国也开始了互联网建设的前期准备工作。1987 年 9 月 20 日，北京计算机应用技术研究所钱天白教授发出了中国第一封越过长城、走向世界的电子邮件，揭开了中国人使用互联网的序幕。1988 年，中国科学院高能物理研究所采用 X.25 协议使该单位的 DECnet 成为西欧中心 DECnet 的延伸，实现了计算机国际远程联网以及与欧洲和北美地区的电子邮件通信。随后的 1989 年 11 月，由中国科学院主持，联合北京大学、清华大学共同实施的中关村地区教育与科研示范网络（简称 NCFC）正式启动。1992 年 6 月，在日本 INET92 年会上，中国科学院钱华林约见了美国国家基金会（NSF）国际联网部负责人，第一次正式讨论了中国接入互联网的问题。1994 年 4 月初，中美科技合作联委会在美国华盛顿举行。会议前，时任中国科学院副院长胡启恒代表中方向美国国家基金会重申连入互联网的要求，得到认可后，中国终于获准加入互联网。1994 年 4 月 20 日，NCFC 工程连入互联网的 64K 国际专线开通，实现了与互联网的全功能连接。从此中国被国际上正式承认为真正拥有全功能互联网的第 77 个国家。同年 5 月，中国完成全部联网工作。

2. 起步阶段(1994—2002 年)

在起步阶段,移动互联网技术发展为第二代移动通信技术,即 2G 技术。第二代移动通信技术替代了第一代移动通信,完成了模拟技术向数字技术的转变。但由于第二代数字移动通信系统带宽有限,限制了数据业务的应用,也无法实现移动的多媒体业务。同时,由于各国第二代数字移动通信系统标准不统一,因而无法进行全球漫游。

1994 年开始,四大互联主干网的相继建设,开启了铺设中国信息高速公路的历程。1997 年 10 月,实现了中国科技网(CSTNET)、金桥信息网(CHINAGBN,主要提供专线集团接入和个人上网服务)、中国公用计算机互联网(CHINANET)以及中国教育和科研计算机网(CERNET)四大主干网的互联互通。而到了 1999 年,网上教育、网上银行、电子商务、网络游戏、即时通信等应用开始出现。1999 年 7 月 12 日,中华网在纳斯达克首发上市,这是第一个在美国纳斯达克上市的中国概念网络公司股。随后,新浪、网易、搜狐三大门户网站的相继上市,掀起了中国互联网的第一轮投资热潮。[①]

随着互联网技术在中国的发展,依托于互联网的新业态也开始应运而生。1999 年阿里巴巴在中国杭州创建。2001 年 11

[①] 《中国"触网"20 年的三次浪潮》,新华社,2014-04-20,http://www.gov.cn/xinwen/2014-04/20/content_2663177.htm,2022-03-10 访问。

月，中国电子政务应用示范工程通过论证，这标志着中国向"电子政府"迈出了重要一步。2002 年 7 月 3 日召开的国家信息化领导小组第二次会议，审议通过了《国民经济和社会发展第十个五年计划信息化重点专项规划》《关于我国电子政务建设的指导意见》《振兴软件产业行动纲要》。

3. **发展阶段**(2002—2009 年)

在数字经济的发展阶段，移动通信技术发展到了第三代，即 3G。与第一代模拟移动通信和第二代数字移动通信相比，第三代移动通信技术(3G)是覆盖全球的多媒体移动通信。第三代移动通信技术是支持高速数据传输的蜂窝移动通信技术，能够同时传送声音及数据信息，下行速度峰值理论可达 3.6Mbit/s，上行速度峰值也可达 384kbit/s。它的主要特点是可实现全球漫游，使任意时间、任意地点、任意人之间的交流成为可能。第三代移动通信的另一个主要特点是能够实现高速数据传输和宽带多媒体服务。但是第三代移动通信仍是基于地面、标准不统一的区域性通信系统。2009 年 1 月 7 日，工业和信息化部为中国移动、中国电信和中国联通发放 3 张第三代移动通信(3G)牌照，此举标志着中国正式进入 3G 时代。

互联网在 2002 年开始进入了繁荣发展的时期。2002 年第二季度，搜狐率先宣布盈利，宣布互联网的春天已经来临。同年，中国网民数量飙升至 5910 万。在互联网先锋们的不断探索和不懈努力下，从 2003 年起，中国互联网逐渐找到了适合中国国情的盈利发展模式，互联网应用呈现多元化局面，电子商务、网络游戏、视频网站、社交娱乐等产业全面开花。伴随着中国互联网新一轮的高速增长，中国网民数量也不断攀升，2008 年 6月达到 2.53 亿，首次大幅度超过美国，跃居世界首位。2009 年，以移动互联网的兴起为主要标志，中国互联网步入一个新的发展时期。2012 年，移动互联网用户首次超过 PC 用户，中国网络购物规模直逼美国，成为全球互联网第二大市场。与此同时，互联网企业变得更加理性开放，传统企业也在与互联网企业的交锋中逐步走向融合共生。

4. 扩张阶段(2010 年至今)

2010 年以来，中国数字经济开始进入快速扩张阶段。移动通信技术得到了飞跃式的发展，在原先第三代移动通信技术的基础上，第四代移动通信技术(4G)应运而生，并得到广泛的应用。第四代移动通信技术包括 TD-LTE 和 FDD-LTE 两种制式，集第三代移动通信技术(3G)与 WLAN 于一体，并能够快速高质量传输数据、音频、视频和图像等，几乎满足所有用户对于无线网络服务的要求。2013 年 12 月 4 日，工业和信息化部向中国移动、中国电信、中国联通正式发放了第四代移动通信业务牌照(4G 牌照)，中国移动、中国电信、中国联通三家均获得 TD-LTE 牌照，此举标志着中国电信产业正式进入了 4G 时代。

随着 4G 技术的不断普及和发展，第五代移动通信技术也慢慢走向前台。2016 年 5 月 31 日，第一届全球 5G 大会在北京拉开帷幕，大会主题是"构建 5G 技术生态"。时任工业和信息化部部长苗圩在会上指出，发展 5G 已成为国际社会战略共识。《中国制造 2025》对全面突破 5G 技术做出了部署和安排。《中华人民共和国国民经济和社会发展第十三个五年规划纲要》中明确提出要积极推进 5G 发展、2020 年启动 5G 商用。为了推进 5G 的发展进程，中国工信部、发改委和科技部共同支持产业界成立了 IMT—2020(5G)推进组，旨在全面推进 5G 的研发工作，组织和开展 5G 技术研发试验，并与日、韩及一些欧美国家建立了广泛的 5G 合作机制。2021 年 3 月，《中华人民共和国国民经济和社会发展第十四个五年规划和 2035 年远景目标纲要》(简称"十四五"规划)提出，要加快数字化发展，建设数字中国。激活数据要素潜能，推进网络强国建设，加快建设数字经济、数字社会、数字政府，以数字化转型整体驱动生产方式、生活方式和治理方式变革。

中国数字经济规模不断扩张，成为驱动我国经济高质量发展的关键力量。中国信息通信研究院发布的《2021 年中国数字经济发展白皮书》显示，2020 年，中国数字经济增加值规模达到 39.2 万亿元，占 GDP 比重达到 38.6%。按照可比口径计算，2020 年中国数字经济名义增长 9.7%。与 2005 年 2.6 万

亿元的增加值规模相比，15 年来，中国数字经济增加值规模增
长 14.1 倍，年均增速 19.8％，远高于中国 GDP 的同期增
速。（见图 1-4）

图 1-4   中国历年数字经济规模及占 GDP 比重
数据来源：中国信息通信研究院

　　现阶段，互联网相关的大数据、云计算、人工智能等技术加
速创新，相关的业态模式深度融合，对于各自的发展起到了相互
促进的作用。电子商务发展正在进入密集创新和快速扩张的新阶
段，日益成为拉动我国消费需求、促进传统产业升级、发展现代
服务业的重要引擎。尤其是跨境电子交易快速发展。跨境电商是
利用电子商务平台使买卖双方对服务或商品形成交易，通过第三
方支付平台来进行网上支付货款，然后通过物流把商品配送到消
费者手中或向消费者提供服务，最后消费者进行评价的一种可跨
越国界的商业活动。在本质上，跨境电商是把企业与客户之间的

信息流、支付流和物流进行组合，作为一个统一的平台运营。跨境电商发展迅速，淘宝、京东、天猫等一大批电子商务平台崛起，这些平台纷纷涉足电子商务，中国跨境电子商务行业发展形势一片大好，有着巨大的潜力。2021年11月11日，天猫"双11"总成交额达5403亿元，成交额高速增长。（见图1-5）

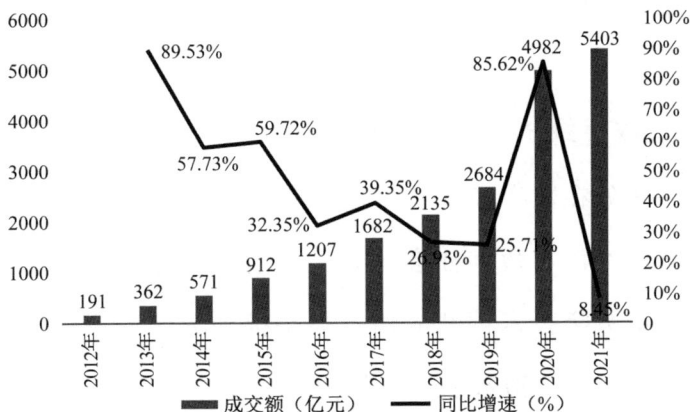

图 1-5　天猫 2012—2021 年"双 11"期间成交额

此外，中国的信息化发展环境不断优化。信息化发展法律政策框架初步形成，《网络安全法》《电子商务法》《网络安全审查办法》等颁布实施，保障网络安全，维护网络空间主权、国家安全、社会公共利益和消费者权益，促进经济社会信息化健康发展。数据安全保障不断强化，《个人信息保护法（草案）》《数据安全法（草案）》等向社会公开征求意见，坚持安全与发展并重，规定支持、促进数据安全与发展的措施，提升数据安全治理和数据开发利用水平，促进以数据为关键要素的数字经济发展。数字市场竞争秩序逐步规范,《优化营商环境条例》出台实施,《反不正当竞争法》完成修订,"放管服"改革深入推进,数字营商环境不断优化。数据治理国际规则影响力增强,《全球数据安全倡议》和《携手构建网络空间命运共同体行动倡议》的提出,为维护全球数据和供应链安全,为全球数字经济发展和网络空间治理贡献了中国方案。①

(二)数字经济上升至国家战略

中国正处在数字经济革命的历史进程之中。"十四五"规划对加快数字经济、数字社会、数字政府建设作出部署安排:通过加强关键数字技术创新应用、加快推动数字产业化、推进产业数字化转型来打造数字经济新优势;加快数字社会建设步伐,提供智慧便捷的公共服务,推动数字化服务普惠应用;建设智慧城市和数字乡村,以数字化助推城乡发展和治理模式创新;推动购物消费、居家生活、旅游休闲、交通出行等各类场景数字化,打造智慧共享、和睦共治的新型数字生活。强调提高数字政府建设水平;加强公共数据开放共享;推动政务信息化共建共享,完善国家电子政务网络,集约建设政务云平台和数据中心体系,推进政务信息系统云迁移;提高数字化政务服务效能,全面推进政府运行方式、业务流程和服务模式数字化智能

---

① 国家互联网信息办公室:《数字中国发展报告(2020年)》,2021-07-03。

化，深化"互联网＋政务服务"，提升全流程一体化在线服务平台功能；坚持放管并重，促进发展与规范管理相统一，构建数字规则体系，营造开放、健康、安全的数字生态。[①]

在对内加快"数字中国"、对外建设数字"一带一路"双引擎的推动下，中国数字经济取得突飞猛进的发展。在这一阶段中，国家密集出台了一系列政策文件，涉及制造业、"互联网＋"、大数据、电子商务、智慧城市、创新发展战略等多个方面，以《中国制造 2025》《关于积极推进"互联网＋"行动的指导意见》《中国标准 2035》为关键推动力，构建了既有顶层设计又有具体措施的政策支持体系，为推动数字"一带一路"建设开展全面务实合作及实现高质量发展提供了有力支撑。

在制造业领域，随着数字经济的发展，数字技术、网络技术以及智能技术日益渗透融入产品研发、设计、制造的全过程，实现了产品生产过程的重大变革。因此，大力促进工业化和信息化的深度融合便成为中国制造业转型升级、实现"工业 4.0"的重要出路。2015 年 5 月国务院印发《中国制造 2025》作为中国实施制造强国战略的第一个十年的行动纲领，是中国版的"工业 4.0"战略，旨在通过制造业数字化转型向制造强国靠近，引导信息技术与制造技术的深度融合。自 2007 年中国共产党第十七

① 《中华人民共和国国民经济和社会发展第十四个五年规划和 2035 年远景目标纲要》，2021-03-13，http://www.gov.cn/xinwen/2021-03/13/content_5592681.htm，2022-03-16 访问。

次全国代表大会报告正式提出"两化融合"概念、走新型工业化道路以来，中国的信息化水平不断提升。《中国制造 2025》的颁布更为中国信息化水平的跃进提供了良好契机，也为数字"一带一路"发展打下了良好基础。

随着互联网产业的蓬勃发展，信息化建设进入新阶段，随后的一系列政策开始关注传统领域与互联网的深度融合，从而进一步推动（跨境）电子商务的快速发展。2015 年 7 月 4 日，国务院印发《关于积极推进"互联网＋"行动的指导意见》（以下简称"指导意见"）。"指导意见"指出，积极发挥中国互联网已经形成的比较优势，把握机遇，增强信心，加快推进"互联网＋"发展，有利于重塑创新体系、激发创新活力、培育新兴业态和创新公共服务模式，对打造大众创业、万众创新和增加公共产品、公共服务"双引擎"，主动适应和引领经济发展新常态，形成经济发展新动能，实现中国经济提质增效升级具有重要意义。① 由"互联网＋"催生的数字经济蕴藏着推动中国经济发展的巨大动能，以"指导意见"为关键节点，国家层面和省市层面均出台了一系列配套政策，引导和推动制造业、农业、能源、金融、益民服务、物流、交通、电子商务等多个领域的互联网创新，同时鼓励企业"走出去"，在国际市场中率先建立数字经济规则。

---

① 《国务院关于积极推进"互联网＋"行动的指导意见》，2015-07-04，http://www.gov.cn/zhengce/content/2015-07/04/content_10002.htm，2022-03-12访问。

2020 年 5 月 22 日，国务院总理李克强在 2020 年《政府工作报告》中提出，全面推进"互联网＋"，打造数字经济新优势。

标准制定领域，在《中国制造 2025》的基础上，标准化战略的行动纲领《中国标准 2035》旨在立足顶层设计，为国家和企业制定出具有高技术含量的发展战略路线图，是落实习近平总书记提出实施标准化战略要求、积极参与标准化全球治理、支撑社会主义现代化强国建设的重要举措，是贯彻党的十九大精神的具体体现。"十四五"规划中强调了标准化的重要作用。在数字技术方面，提出推动构建网络空间命运共同体，并积极参与数据安全、数字货币、数字税等国际规则和数字技术标准制定。向欠发达国家提供技术、设备、服务等数字援助，使各国共享数字时代红利。由此可见，持续加强标准化与国际化工作，积极发挥标准化对"一带一路"的服务支撑作用，有助于促进沿线国家在政策沟通、设施联通、贸易畅通等方面的互联互通。

四、国际化视角下的数字"一带一路"

（一）数字"一带一路"的形成和内涵

数字经济的快速发展、信息技术的广泛使用，对各国经济和社会发展具有重要作用。因此，除了两条有形的丝绸之路——丝绸之路经济带（陆路）和 21 世纪海上丝绸之路（海路）外，第三条无形的丝绸之路——数字"一带一路"，对于提升共建"一带一路"国家和地区的数字化水平同样重要。最早将互联网和丝绸之路相结合的是美国戴维斯加州大学法学院阿努帕姆·钱德（Anupam Chander）教授，其在 2013 年出版的《电子丝绸之路：网络如何以商贸联接世界》中指出，丝绸之路实现了有形货物的远距离交易，而网络商贸化的过程极大地便利了诸如知识产权、管辖权等无形商品贸易，也促成了很多在互联网发展早期极端困难或根本没有可能的服务贸易——其中很大一部分即人们常说的"电子商务"。① 随后，中国科学院地理科学与资源研究所诸云强专家团队提出由信息化基础设施、数字"丝路"和大数据计算分析中心 3 个层次构成的"丝路"信息化建设总体架构，依靠先进的信息技术和丰富的信息资源，培育区域发展新的经济增长点，支撑"一带一路"可持续发展。② 信息化对经济和社会的促进作用日益体现，2015 年，国家发展和改革委员会、外交部、商务部联合发布了《推动共建丝绸之路经济带和 21 世纪海上丝绸之路的愿景与行动》（简称《"一带一路"愿景与行动》），提出畅通"信息丝绸之路"、发展跨境电子商务、积极

---

① Chander A. *The Electronic Silk Road*. Yale University Press，2013.

② 诸云强、孙九林、董锁成等：《关于制定数字"'丝绸之路经济带'与信息化基础设施建设科技支撑计划"的思考》，载《中国科学院院刊》，2015 年第 1 期。

利用网络平台，以加强各国的相互连通和共同发展。

"数字丝路"概念雏形源自 2015 年第二届世界互联网大会，习近平主席在大会开幕式上发言指出，要加快全球网络基础建设，促进互联互通，大会分论坛"数字丝路·合作共赢"围绕数字经济发展、数字经济合作、构建中国与"一带一路"沿线国家互联互通、共建网络基础设施建设、创新资源整合模式深入交换意见。"数字丝路"逐渐成为焦点，相关的概念逐渐进入"一带一路"倡议的主流话语体系中。

"数字丝绸之路"在 2017 年首届"一带一路"国际合作高峰论坛正式被提出，习近平主席在论坛开幕式上发表的题为《携手推进"一带一路"建设》的演讲中指出，要坚持创新驱动发展，加强在数字经济、人工智能、纳米技术、量子计算机等前沿领域合作，推动大数据、云计算、智慧城市建设，连接成 21 世纪的数字丝绸之路。① "数字丝绸之路"这一概念的提出，进一步丰富了"一带一路"倡议的内涵，同时为倡议的落实提供了新思路，"一带一路"从基础设施的互联互通进一步升级为建立地区数字经济合作，涵盖电信网络、智慧城市、电子商务以及北斗全球卫星导航系统等方面。

为拓展数字经济领域的合作，2017 年 12 月，在第四届世界互联网大会上，中国、老挝、沙特、塞尔维亚、泰国、土耳其、阿联酋等国家相关部门共同发起《"一带一路"数字经济国际合作

---

① 习近平：《携手推进"一带一路"建设》，载《人民日报》，2017-05-15。

倡议》，提出拓展扩大宽带接入，提高宽带质量、促进数字化转型、促进电子商务合作、加强数字化技能培训、提高数字包容性等数字经济领域的合作，这为数字"一带一路"的顺利推进开辟了新篇章。

2019年4月，习近平主席在第二届"一带一路"国际合作高峰论坛开幕式上继续强调，顺应第四次工业革命发展趋势，共同把握数字化、网络化、智能化发展机遇，共同探索新技术、新业态、新模式，探寻新的增长动能和发展路径，建设数字丝绸之路、创新丝绸之路。① 在2021年第三次"一带一路"建设座谈会上，习近平主席提出要深化数字领域合作，发展"丝路电商"，构建数字合作格局。要实施好科技创新行动计划，加强知识产权保护国际合作，打造开放、公平、公正、非歧视的科技发展环境。2021年10月，习近平总书记在中共中央政治局第三十四次集体学习时强调把握数字经济发展趋势和规律，推动中国数字经济健康发展，指出"统筹国内国际两个大局、发展安全两件大事，充分发挥海量数据和丰富应用场景优势，促进数字技术和实体经济深度融合，赋能传统产业转型升级，催生新产业新业态新模式"……习近平总书记的数次重要讲话，均体现了数字"一带一路"建设的重要性。

近几年来，在认识和理解数字"一带一路"的过程中，不同

---

① 习近平：《齐心开创共建"一带一路"美好未来》，载《人民日报》，2019-04-27。

国家和地区、国际组织提供了诸多见解，大多数学者认为数字"一带一路"加快企业"走出去"步伐，涉及的范围非常广泛。加州大学学者冯（Fung）等人认为中国适应、改造了一些起源于加利福尼亚州硅谷的发明和创新，同时独立创造了许多技术商业模式。通过新丝绸之路，中国可以进行第二次扩散过程，并将创新从硅谷传播到其他"一带一路"国家。[①] 波兰华沙经济学院学者科兹洛夫斯基（Kozlowski）认为，"数字丝绸之路"的概念是中国电信企业"走出去"政策的自然延伸，可以填补未满足的数字连接需求。更好的互联互通反过来可以为中国企业在电子商务和其他领域开辟新市场。与欧盟或美国的数字产品相比，中国的数字产品在价格上对大多数亚洲国家都有吸引力。与西方老牌企业相比，中国企业在发展中国家投资时的风险厌恶程度也较低。如果中国成功地为数字发展水平较低的亚洲国家提供技术解决方案，它将享有技术标准提供者的特权，这是现代企业运营管理的"金色圣杯"。但总体而言，"数字丝绸之路"的问题是缺乏具体的实质内容。"数字丝绸之路"看起来不像是一个明确连贯的构想，而更像是一个包含了从"中国科学院的地球观测项目到小米手机销售"的宽泛笼统概念。[②]

---

① Fung K C，Aminian N，Fu X et al. "Digital Silk Road，Silicon Valley and Connectivity"，*Journal of Chinese Economic and Business Studies*，2018（3）.

② Kozłowski K. "BRI and Its Digital Dimension：Twists and Turns"，*Journal of Science and Technology Policy Management*，2020（3）.

关于"数字丝绸之路"的内容，国外智库也都对此有所提炼。"数字丝绸之路"涉及的领域不只是基础设施建设，还包括前沿科技、电子商务、数字外交和多边治理等多方面。

英国政府国际发展部的凯文·赫尔南德斯（Kevin Hernandez）指出，"数字丝绸之路"对实现联合国可持续发展目标（SDGs）具有积极影响，认为"数字丝绸之路"仅仅与基础设施建设有关是一个代价高昂的错误想法。其所涵盖的领域很难被定义，其中包括数字基础设施、数字化设备、电子商务、智慧城市、中国互联网企业以及"数字'一带一路'"国际科学计划六个关键领域，并且随着中国成为 ICT 基础设施乃至更广泛技术领域的世界领先者，中国的数字化愿望超越了光纤电缆的建设，还包括多种技术的销售和出口等。[①]

荷兰国际关系研究所学者布里吉特·戴克尔（Brigitte Dekker）等人认为，随着 2015 年数字丝绸之路作为"一带一路"倡议一部分的启动，中国海外活动的重心从交通基础设施和贸易网络转移到加快中国技术在全球的推广，从电信网络、智慧城市到电子商务，再到完善中国的新卫星系统，这些领域都在进行。对中国而言，数字丝绸之路本质上结合了国内推动出口中国自主产业政策开发的技术和一个更广泛的议程，来增强中国与海

---

① Hernandez，K. "Achieving Complex Development Goals along China's Digital Silk Road. K4D Emerging Issues Report"，Brighton，UK：*Institute of Development Studies*，2019.

外技术网络之间的互操作性和兼容性。[①]

美国外交关系协会（Council on Foreign Relations）太平洋论坛非常驻研究员、律师克莱顿·切尼（Clayton Cheney）提出，"数字丝绸之路"涉及的领域相互关联，并且以技术为核心：第一，中国加快推进以下一代蜂窝网络、光纤电缆和数据中心为代表的数字基础设施建设；第二，发展以卫星导航系统、人工智能和量子计算为代表的前沿科技；第三，通过建设数字自由贸易区来促进电子商务发展；第四，致力于通过数字外交和多边治理构建理想的国际数字环境，扩大相关领域的标准制定话语权。

卡内基梅隆大学学者沈虹（Shen H.）认为在建设"数字丝绸之路"的过程中，中国与本土互联网公司形成了一个日益复杂的联盟，"数字丝绸之路"旨在缓解工业产能过剩、促进中国企业在全球的发展、支持人民币国际化、建设以中国为中心的跨国网络基础设施以及推动互联网赋能的"包容性国际化"。[②]

荷兰和平与冲突研究所（IPCS）和莱顿亚洲中心（LAC）2020年的合作报告认为，"数字丝绸之路"通过支持中国成为提供数

---

① Dekker B.．"Unpacking China's Digital Silk Road"，2020.

② Shen H．"Building a Digital Silk Road? Situating the Internet in China's Belt and Road Initiative"，*International Journal of Communication*，2018(12).

字互联互通基础设施的世界领导者，创建更加以中国为中心的亚洲和全球数字互联互通基础设施，促进中国科技企业在全球崛起，使中国能够在制定全球技术标准和网络规范方面发挥更大的影响力以及扩展面向中国的电子商务和金融技术等几个方面来实现目标。①

世界经济论坛指出，"一带一路"倡议中的数字丝绸之路应得到关注。面对增长放缓、产能过剩和老龄化，中国正发展数字经济以维持稳定的增长。通过将财政资源投入雄心勃勃的国家计划，如"中国制造2025"和"互联网＋"，中国希望不仅在技术上升级和实现经济数字化，而且能在电信、电子商务和信息技术领域进入国外市场。

有学者的观点相对客观，柬埔寨智慧大学（PUC）学者博拉·李（Bora LY）认为，"数字丝绸之路"是"一带一路"倡议的延伸拓展，扩大经济转型，加强区域一体化，以及为促进全球多边主义和政治稳定提供资金来源是"数字丝绸之路"背后的三个关键因素。②

综上所述，大多数国外智库和学者认为"数字丝绸之路"鼓励中国企业"走出去"，涵盖从基础设施扩展到前沿科技、电子

---

① Ghiasy R，Krishnamurthy R. "China's Digital Silk Road：Strategic Implications for the EU and India"，*Institute of Peace and Conflict Studies*，2020.

② Ly B. "Challenge and Perspective for Digital Silk Road"，*Cogent Business & Management*，2020(1).

商务、数字外交和多边治理等多个领域，旨在增强中国实力和促进全球多边主义。

(二)数字"一带一路"助力构建全球数字合作新格局

全球经济数字化转型是大势所趋。当前，以大数据、云计算、物联网、区块链、人工智能、5G通信等新兴信息技术与实体经济深度融合，助力全球数字经济快速增长，促进传统生产方式和产业结构变革。数字经济已经成为重组全球要素资源、重塑全球经济结构、改变全球竞争格局的重要驱动力量。世界各国都抓紧抓住数字化的机遇，有100多个国家已经制订了数字转型计划或数字化行动方案，加快经济社会的数字化转型：美国出台《关键与新兴技术国家战略》(2020年10月)、《美国的全球数字经济大战略》(2021年2月)、《2021美国创新与竞争法案》(2021年6月)等助力数字经济发展；2021年3月初欧盟发布了《2030数字指南针：欧洲数字十年之路》纲要文件，涵盖了欧盟到2030年实现数字化转型的愿景、目标和途径；2020年7月，俄罗斯总统普京签署《关于2030年前俄罗斯联邦国家发展目标的法令》，确定2030年前俄罗斯发展目标，对经济、数字化转型等领域发展设定具体指标。

2013年9月和10月，中国国家主席习近平先后提出共建

"丝绸之路经济带"和"21世纪海上丝绸之路"重大倡议，二者简称为"一带一路"倡议。"一带一路"倡议的提出标志着中国主动参与全球经济治理和新型大国外交的开始。共建"一带一路"正在成为中国参与全球开放合作、改善全球经济治理体系、促进全球共同发展繁荣、推动构建人类命运共同体的中国方案。

随着中国与共建"一带一路"国家和地区在数字技术和数字经济领域的合作持续推进，作为"一带一路"倡议的重要组成部分，数字"一带一路"应运而生。毋庸置疑，数字"一带一路"是数字经济发展和"一带一路"倡议结合的有机产物，是数字技术对"一带一路"倡议的支撑，它依托互联网技术，以跨境电商为基础推进数字基础设施、智能支付和物流体系建设，进而推动合作机制建立，成为"一带一路"国际合作的新引擎。秉承"一带一路"共商、共建、共享的原则，数字"一带一路"以平等为基础，以开放为特征，以信任为路径，以共享为目标，成为全球数字经济发展的重要驱动力。

1. 顺应世界经济数字化发展的潮流

目前，贸易保护主义兴起、新冠疫情起伏反复、国际投资合作总体呈复苏态势，但实现高质量、可持续增长仍面临较多不确定因素。世界经济正处于新旧动能加快转换、竞争格局加速演变、治理体系深刻重塑的剧烈变革之中，作为经济增长的重要驱动力，数字经济在全球经济发展中扮演的角色越发重要。中国信息通信研究院发布的《全球数字经济白皮书——疫情冲击下的复苏新曙光》显示，2018—2020 年，全球数字经济规模持续上升，对全球经济的贡献持续增强。2020 年，全球 47 个国家数字经济增加值规模达到 32.6 万亿美元，同比增长 2.2%，占 GDP 比重的 43.7%。（见图 1-6）

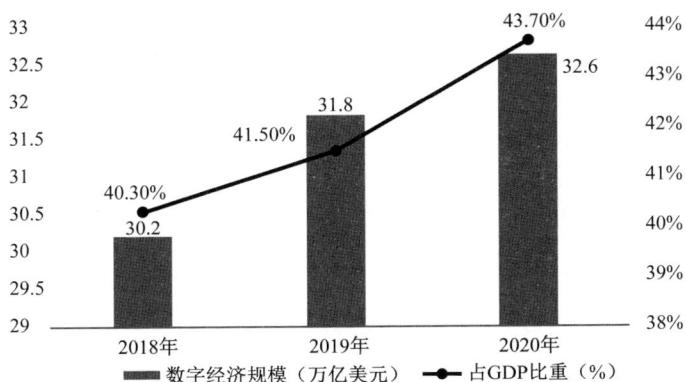

图 1-6　2018—2020 年全球数字经济
增加值规模及占 GDP 比重情况
数据来源：中国信息通信研究院

新冠疫情在全球的持续蔓延，更加凸显了数字经济在全球经济发展中的重要作用，2020 年全球经济出现负增长，全球 GDP 平均增速为－3.6%，而全球数字经济依旧保持稳步发展，平均增速 3.0%，成为世界经济复苏和发展的稳定支撑。① 与此同时，全球数字化进程不断加快。据 ITU 统计，全球互联网使用量快速提升，互联网普及人数从 2019 年的 41 亿猛增到 2021 年的 49 亿。其中，发展中国家的增长推动了 2019 年以来的强劲增长，其互联网普及率攀升了 13% 以上。新冠疫情暴发后，越来越多的活动在线上进行，促使全球数字经济加速成长。

数字"一带一路"是中国站在全新的战略高点，面向中国经济未来和全球经济发展提出的决策，是共建"一带一路"国家搭乘互联网和数字经济发展的快车的重要组成部分。数字"一带一路"作为全球经济增长最快的领域，将成为带动新兴产业发展、传统产业转型，促进就业和经济增长的主导力量，直接关系到世界经济未来走向和格局。《全球贸易》(Global Trade)杂志刊文认为，数字"一带一路"是中国将古代丝绸之路现代化的重要支撑。在中美关系趋紧和新冠疫情扩散的双重背景下，数字"一带一路"在中国创建新贸易生态系统，深化与发展中国家的贸易关系过程中扮演重要角色，并将重塑全球经济。② 在挑战和机遇并存的形势下，顺应世界经济数字化发展的大潮流，加强数字经济国际合作对未来全球经济的复苏与发展至关重要，数字

---

① 宗良、刘晨、刘官菁：《全球数字经济格局变革前景与策略思考》，载《中国经济评论》，2022 年第 3 期。

② 孙敬鑫：《后疫情时代，数字丝绸之路价值将更为彰显》，载《今日中国》，2020 年第 9 期。

"一带一路"大有可为。

2. 助推数字贸易转型

数字经济的快速发展拓展了国际贸易的深度与广度，数字贸易逐渐取代传统商品贸易成为贸易新增长引擎。2010—2020年，全球数字交付贸易出口规模从 18719 亿美元增长到 31676 亿美元，占服务贸易比重由 47.1％上升至 63.6％，远远超过同期商品和服务贸易的增长速度。同时，贸易数字化进程不断加快，电子商务的迅速发展推动数字贸易阶段的全面到来。根据联合国贸易与发展会议（UNCTAD）估计，2019 年全球电子商务销售额跃升至 26.7 万亿美元，同期增长了 4％，相当于当年全球国内生产总值（GDP）的 30％。2020 年，电子商务活动高速增长，在线零售在所有类型零售中的份额从 16％增加到 19％，发展空间巨大。此外，互联网、物联网、5G 等数字技术的发展，使得跨境电商突破了传统国际贸易理论中的地理区域限制，成为贸易增长的新生力量。从网购用户数来看，2019 年，世界 15岁及以上人口中有四分之一（约 14.8 亿人）在网上购物，相比于 2018 年增长了 7％，并且有约 3.6 亿网购者进行了跨境购买行为，跨境网购者占所有网购者的比例从 2017 年的 20％上升到 2019 年的 25％。（见图 1-7）

中国电商行业在国际上占据了领先优势。从全球电子商务销售规模的国别结构看，美国、日本、中国、韩国、英国分别

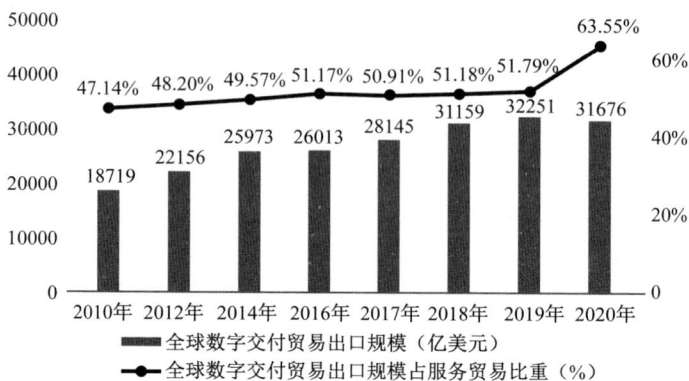

图 1-7 全球数字交付贸易出口规模及占比
数据来源：UNCTAD

列电子商务销售额前五名。(见表 1-4)可以看到，中国 B2B 和
B2C 电子商务销售额分别估计为 1.065 万亿美元和 1.539 万亿
美元，分别位居世界第三和第一。日益壮大的消费群体、逐渐
强大的购买力、快速创新的供应链、迅速发展的物流业……中
国稳居全球规模最大、最具活力的电子商务市场地位，催生了
许多新的发展理念，从而推动了世界电子商务的发展。

表 1-4 电子商务销售：2019 年前十大经济体

排名	经济体	电子商务销售总额（万亿美元）	总电子商务销售额占 GDP 比重（%）	B2B 电子商务销售（万亿美元）	B2B 总电子商务销售额占电子商务销售总额比重（%）	B2C 电子商务销售（万亿美元）
1	美国	9.580	45	8.319	87	1.261
2	日本	3.416	67	3.238	95	0.178

续表

排名	经济体	电子商务销售总额（万亿美元）	总电子商务销售额占GDP比重（%）	B2B电子商务销售（万亿美元）	B2B总电子商务销售额占电子商务销售总额比重（%）	B2C电子商务销售（万亿美元）
3	中国	2.604	18	1.065	41	1.539
4	韩国	1.302	79	1.187	91	0.115
5	英国	0.885	31	0.633	72	0.251
6	法国	0.785	29	0.669	85	0.116
7	德国	0.524	14	0.413	79	0.111
8	意大利	0.431	22	0.396	92	0.035
9	澳大利亚	0.347	25	0.325	94	0.021
10	西班牙	0.344	25	0.280	81	0.064
	前10	20.218	36	16.526	*82*	3.691
	世界	26.673	30	21.803		4.870

数据来源：UNCTAD，基于各国数据

注：斜体为 UNCTAD 预测值。

　　首先，数字"一带一路"是中国成功抓住数字贸易发展机遇，并充分发挥中国电商发展溢出效应、带动效应、示范效应，通过搭建跨境电商贸易平台和提升网络基础设施合作的层次，借助经济全球化、网络化、便利化等优势，与共建"一带一路"国家和地区开展电子商务合作，共创区域经济合作的新机会。其次，"中国智造"与中国制造的商品具有极高的性价比与竞争力，以阿里巴巴为首的电商企业通过推动跨境电商、普惠金融、云计算、eWTP 等数字经济领域的发展，在共建"一带一路"国家和地区铺设自身的商业网络，目前已基本覆盖了"一带一路"中的全部国家，极大地促进区域贸易便利化，加快数字贸易转型，对贸易畅通、资金融通、民心相通起到非常重要的作用。此外，中国也以积极开放的姿态，与世界分享"中国智慧"。70 多年来，中国已为亚洲、非洲、欧洲、拉丁美洲、南太平洋地区 160 多个国家和国际组织举办了近 1.5 万期各类培训，涵盖国家发展、经贸合作、农业减贫、医疗卫生等 100 多个专业领域，培训各类人员约 40 万人。在电子商务领域，中国发挥电商发展示范效应和先发优势，为世界提供关于跨境电子商务专业知识、电商平台技术和优秀实践案例的交流平台。仅 2019 年，商务部就会同智库及企业举办了 10 余场电子商务研修班，为伙伴国培训政府官员和企业人员 500 多人，加强了政策协调、规划对接、经验分享和信息互通。同样在数字经济方面的其他领域，中国的经验和方法可以帮助"一带一路"沿线国家和地区少走"弯路"。

3. 逐步弥合数字鸿沟

数字经济的发展在全球呈现不平衡性。不同国家、不同地区的数字技术水平不同，数字经济发展潜力各异，影响和限制世界各国尤其是发展中国家和欠发达国家的信息化建设和数字化转型。从不同经济发展水平来看，发达国家与发展中国家相比存在

明显优势，据中国信息通信研究院报告，2020 年，发达国家数字
经济规模达到 24.4 万亿美元，占全球总量的 74.7%，是发展中
国家的近 3 倍。发达国家数字经济占 GDP 比重为 54.3%，远高
于发展中国家的 27.6%。在增速方面，发展中国家数字经济低于
发达国家增速。（见图 1-8）

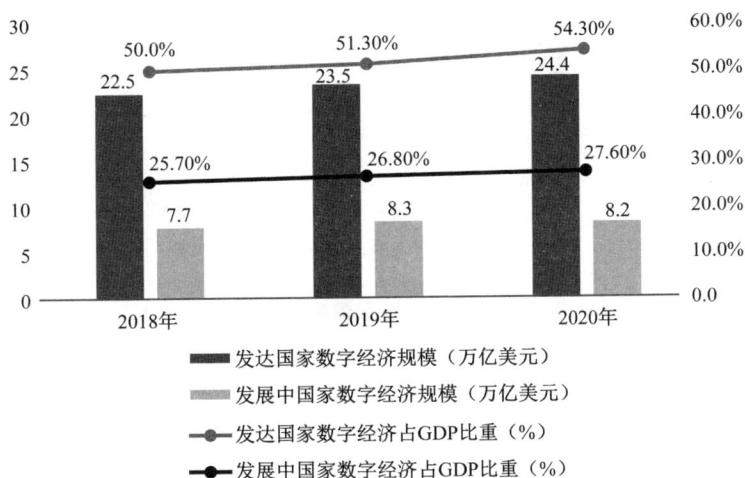

图 1-8 2018—2020 年发达国家与发展中国家
数字经济规模及占比对比
数据来源：中国信息通信研究院

从具体国家来看，美国数字经济继续蝉联世界第一，数字
经济规模达到 13.6 万亿美元，占全球数字经济总量的 41.71%。
中国以 5.4 万亿美元的规模位居世界第二，占比 16.43%；中美
两国占比之和接近 60%，具有绝对的规模优势。其后依次为德
国（7.79%）、日本（7.6%）、英国（5.48%）等国家。印度尼西亚

数字经济规模仅为 0.13 万亿美元，占比 0.39%，之后是越南(0.1%)、爱沙尼亚(0.03%)、拉脱维亚(0.02%)、塞浦路斯(0.01%)。(见图 1-9)

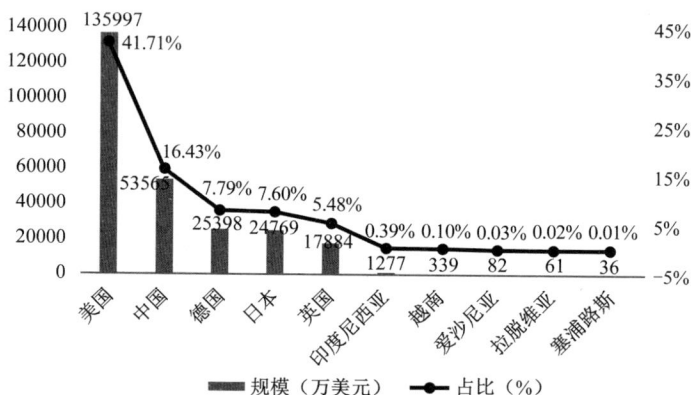

图 1-9　2020 年部分国家数字经济规模及占比
数据来源：中国信息通信研究院

由此可见，与全球数字经济整体发展水平相比较，共建"一带一路"国家的数字经济体量较小，数字经济发展处于信息化普及的初级阶段，数字经济增长较快，数字化水平有待提升，发展空间巨大。

不仅如此，发达国家和发展中国家之间仍然存在很深的传统数字鸿沟，包括覆盖鸿沟（Coverage Gap）和用户使用鸿沟（Usage Gap）。其中，覆盖鸿沟指生活在没有移动网络覆盖区域的人数，而用户使用鸿沟则指生活在移动宽带网络所覆盖的地区，但却没有使用移动服务的人数。根据全球移动通信系统协会(GSMA)智库发布的《2022 全球移动经济发展》报告，2021年移动互联网用户数达到 42 亿。过去 10 年，随着运营商加快网络基础设施建设，覆盖鸿沟已从占全球人口的三分之一大幅缩小到 6％，即全球目前仅有 6％的人口生活在没有网络覆盖的地区。但用户使用鸿沟却没有得到相应比例的缩小，2021 年，全球人口的 41％即 32 亿人口所在地区有网络覆盖但没有使用移动网络服务。全球的数字鸿沟还体现在区域内部和性别之间，这在亚非拉国家体现得尤为明显。根据联合国亚太经社会2020 年 6 月的一份报告，目前亚太地区的 43 亿人口中，仍有52％无法使用互联网服务。例如，在东亚和东北亚地区，每100 人中就有近 25 人购买了固定宽带服务，而在东南亚、南亚和太平洋岛国，还不足 5 人。亚太经社会 2020 年 8 月的一份报告显示，全球还有 36 亿人(全球人口的 47％)不能使用互联网，他们大多是偏远地区的贫困人群，而且女性比男性更难获得互联网服务，[①] 全球范围内女性使用移动互联网的概率比男性低23％，其中南亚和撒哈拉以南非洲国家的性别差距最为明显。这极大地对发展构成经常性的挑战，是数字经济全球化发展需要面对的现实难题。

数字治理体系构建已然提上日程。UNCTAD 发布《2021 年

① ESCAP, *Accelerating Digital Connectivity and Leveraging Innovation*, UNESCAP (2020).

数字经济报告》指出，数据鸿沟的出现，导致许多发展中国家仅成为全球数字平台原始数据的提供者，同时不得不为用其数据生成的数字情报付费。而在利用数据方面，美国和中国是数字技术大国，两国的 5G 采用率最高、占全球超大规模数据中心的 50%、占全球顶尖人工智能研究人员的 70%，以及人工智能初创公司融资的 94%。当前，数据驱动的数字经济表现出极大不平衡，报告呼吁采取新的全球数据治理框架，以应对全球数据治理的挑战。

"一带一路"沿线国家大多数字基础设施薄弱。利用数字"一带一路"建设这一契机，中国大力帮助这些国家建设数字基础设施，加速其相关产业的数字化转型，为其经济发展创造新机遇和增长点。作为打造丝绸之路经济带的重要抓手，数字"一带一路"的建设将有助于推动"一带一路"沿线国家在贸易发展、金融、信息基础设施、文化科技和医疗卫生等领域的全方位交流合作，深化数字互联互通，有效缩小"数字鸿沟"。在"一带一路"倡议国际合作计划中，有相当多的内容涉及数字化和信息技术领域，例如，在基础设施联通方面，提出了推动通信端口网络的建设，开展跨境光缆的铺设合作，从而改善了国际通信状况和互联互通的层次。截至 2020 年年底，中国已与 16 个国家签署了数字丝绸之路建设合作谅解备忘录，与 7 个国家共同发起《"一带一路"数字经济国际合作倡议》，与"一带一路"沿线国家建成 30 余条跨境陆缆、10 余条国际海缆……中国积极加强地区数字经济合作，推动沿线国家的数字经济发展水平，与沿线国家一起弥合"数字鸿沟"。

4. 促进文化互信和国际交流

千百年来，古代海陆两条丝绸之路的商贸往来促进了不同文明之间的对话沟通，不同文明通过相互交流和借鉴得以交融发展。同样，借助数字技术的力量，在数字"一带一路"的推进过程中，世界各国不同的文化主体形成连接，更好地增进中国与共建"一带一路"国家和地区的文化互信和民心相通。一方面，数字化技术手段可以增强沉浸式的情境化、可视化体验，打破物理空间的壁垒，为各区域民众带来更佳文化体验，也能够节省大量时间、沟通和信息成本。围绕数字"一带一路"建设，"丝路经济带"区域文化大数据综合数字平台、丝绸之路超级 IP 授权中心、敦煌文博会等多种文化交流活动，融入科技、金融、创意、互联网、大数据等技术业态，体现出巨大的发展活力。另一方面，依托近年来数字经济高速发展的红利，文化交流活动利用线上渠道举办，跨越国界限制，突破疫情阻碍，推动常态化疫情条件下"一带一路"文化产业和旅游产业国际合作。第 17 届中国-东盟博览会举办云上东博会，设置中国商品馆、东盟国家馆、特邀合作伙伴和"一带一路"国际馆，为中外企业免费提供线上展示、在线洽谈和会议、直播推广和跨境电商等机会。第十六届中国(深圳)国际文化产业博览交易会八号馆一带一路·国际馆通过线上展示法国、立陶宛、巴西等全球30个国家和地区的文化旅游、文化科技等内容,主要涵盖创意设计、文化旅游、文化科技、工艺美术、文化教育等文化行业相关的产品和项目,加强与共建"一带一路"国家的文化交流和资源共享。

数字"一带一路"在利用数字技术扩大各国文化资源共享、增进开放融合的同时,也促进彼此的国际交流,这在各国间的联系和依存日益紧密的今天,有着不可或缺的作用。一是能够深化相关国家之间的合作基础、促进世界各国互利发展、共同繁荣。例如,2016年正式启动的"数字'一带一路'国际科学计划"(简称"数字丝路"国际科学计划,Digital Belt and Road Program,DBAR),是由中国科学家倡议发起,57个国家、国际组织和国际计划参与的大型国际研究计划。"数字丝路地球大数据平台"向国际提供首批共享数据资源,至今已建立了8个国际卓越中心,不仅拓展了科技文化软实力,而且增强了相关国家、组织间的合作基础。二是能够促进来自不同文化背景的民众相互来往,有助于扭转对外方文化的思维定式,增强文化互信,促进民心相通。一系列呈现共建"一带一路"国家和地区历史文化风貌、体现东西方文明交流融合的数字展馆、数字化论坛、主题展览相继开展,在以艺术、文物之美融合各国人民情感的同时，也将"和平合作、开放包容、互学互鉴、互利共赢"的丝路精神直观地展现在世人眼前。

5. 为全球数字治理贡献中国力量

数字治理是全球治理的新领域，2021 年 10 月，UNCTAD 发布的《2021 年数字经济报告》称，当前数据驱动的数字经济表现出极大不平衡，呼吁采用新的全球数据治理框架以应对全球数据治理的挑战。目前全球数字治理规则仍处于摸索初建阶段，并呈现出以下特征：首先，国际数字安全规则制定失位。各国有自己的规则且利益诉求有着显著差异，缺乏统一且广泛认可的多边规则。例如，2019 年 G20 大阪峰会上的《数字经济大阪宣言》，印度以需要加强数据本地储存为由拒绝签字，并主张在印度境内建立更多的数据中心和服务器场，印度尼西亚和南非也拒绝在《数字经济大阪宣言》中签字。其次，数字治理合作失衡。数字治理规则话语主导权、规则制定权和议程设置权主要由发达国家主导构建，发展中国家在谈判博弈中处于话语权相对弱势地位。再次，数字治理蒙上政治色彩。数字治理博弈日益成为大国博弈的手段和工具。在中美博弈中，数字治理已成为美国全方位打压中国的手段之一。2020 年，以保护美国公民隐私和公司数据安全为由，美国推出"清洁网络（Clean Network）"计划及其补充条令，宣称所有进入美国外交设施的 5G 网络流量都必须采用清洁路径，包括清洁运营商、清洁应用商店、清洁应用程序、清洁云服务和清洁海底光缆五个新领域，明确指出不得使用华为和中兴等“不受信任”的 IT 供应商或存储设备。最后，数字治理规则滞后。受新冠疫情影响，世界各国数字化转型的步伐明显加快，但全球数字治理规则却远远滞后于数字化变革进程，制度供给不足短板凸显。以数据跨境为例，中国目前尚未与“一带一路”沿线国家和地区达成任何双多边协议的数据跨境流通协议，导致中国企业走出去的合规成本和运营风险越来越高，研发和数据中心等战略资源也可能被迫设在海外。

“一带一路”沿线大部分国家和地区仍处于数字化转型的起步期，数字基础设施薄弱，尤其是相关数字治理规则滞后已成为严重限制和制约其经济发展的主要短板。数字“一带一路”的建设以多双边平台为契机，共商共建共享“一带一路”数字治理规则框架，将为共建“一带一路”国家在数字治理规则领域提供更大的话语权，从而影响国际规则的制定。在建设过程中，数字“一带一路”努力破除传统经济全球化“中心—边缘”结构和传统全球治理中的“金字塔垂直等级”，积极与“一带一路”沿线国家和地区开展双多边数字治理合作，积极参与构筑数字经济发展区域平台和数字治理规则新框架。此外，安全问题在全球数字治理中贯穿始终，中国发起《全球数据安全倡议》——数字安全领域首个由国家发起的全球性倡议，积极营造开放、公平、公正、非歧视的数字发展环境，为加强全球数字安全治理、促进数字经济的可持续发展提出中国方案、贡献中国智慧；中国积极推进加入《数字经济伙伴关系协定》(Digital Economy Partnership Agreement，DEPA)，致力于扩大开放、对接国际高水平规则标准，推动全球数字治理体系朝着更加公正、合理的方向发展。

第二章 | 数字"一带一路"与经济发展
——以信息产业为例①

一、数字化与信息产业

目前人类已经进入数字经济时代，数字化对各国经济和社会发展具有重要作用，对于"一带一路"建设同样重要，各国应该积极推动数字化建设。2015年，国家发展和改革委员会、外交部、商务部联合发布了《推动共建丝绸之路经济带和21世纪海上丝绸之路的

---

① 本章部分内容已于2018年8月发表在《中国经贸导刊（中）》。作者：李一丹，刘倩。题目为："一带一路"沿线国家信息产业对经济的促进作用研究。

愿景与行动》(简称《"一带一路"愿景与行动》),提出畅通"信息丝绸之路"、发展跨境电子商务、积极利用网络平台,以加强各国的相互连通和共同发展。"十四五"时期,信息化进入加快数字化发展、建设数字中国的新阶段。根据"十四五"规划,"十四五"期间,中国新一代信息技术产业持续向"数字产业化、产业数字化"的方向发展。一方面,培育壮大人工智能、大数据、区块链、云计算、网络安全等新兴数字产业;另一方面,依托新一代信息技术产业,深入实施传统产业数字化改造升级。《"十四五"国家信息化规划》提出"推进网络基础设施互联互通。规划建设洲际海底光缆项目,加快推进跨境光缆建设及扩容,支持运营商建设海外 POP 点等"。可以看到,"一带一路"建设需要各国共同参与,数字"一带一路"建设需要信息产业的支撑,这也为各国信息产业发展提供了新的发展机遇。

"一带一路"各国的数字化水平参差不齐,各国如何面对数字化发展的巨大需求,各国数字产业如何发展,对于各国国民经济发展有重要影响。在数字"一带一路"的大背景下,研究信息产业对"一带一路"各国产业经济的影响,可以让各国看到信息产业对本国和他国产业经济的影响,有助于各国根据本国国情,合理选择本国数字经济发展道路,以及更好地参与数字"一带一路",进而对接发展战略,深化数字经济领域交流合作。

二、研究基本思路与模型设定

结合已有关于信息产业对经济影响的研究文献，本部分沿用投入产出分析方法，利用投入产出表数据，分析信息产业在国民经济中所占比重，利用影响力、感应度、技术依存度等经济指标，来探讨信息产业的关联作用。

（一）国际投入产出模型

1. 两国间投入产出模型

在两个国家非竞争型投入产出模型的基础上，可得到两国间投入产出模型。两国间投入产出模型是通过两国间的货物和服务贸易矩阵相连接的。以 A 国和 B 国经济为内生变量的两国间投入产出模型的基本结构如表 2-1 所示。两国间投入产出模型可以反映两个国家每个部门之间的相互关系。从列向看，中间投入矩阵表明每个部门国内产品和从另一个国家进口产品的中间投入结构；从行向看，表明每个部门产品在两个国家不同部门和最终需求的使用。

表 2-1　两国间投入产出模型

			中间使用						最终使用		出口	总产出
			A国 部门1	…	A国 部门n	B国 部门1	…	B国 部门n				
中间投入	A国	部门1	x_{11}^{AA}	…	x_{1n}^{AA}	x_{11}^{AB}	…	x_{1n}^{AB}	F_1^{AA}	F_1^{AB}	E_1^A	X_1^A
		…	…	…	…	…	…	…	…	…	…	…
		部门n	x_{n1}^{AA}	…	x_{nn}^{AA}	x_{n1}^{AB}	…	x_{nn}^{AB}	F_n^{AA}	F_n^{AB}	E_n^A	X_n^A
	B国	部门1	x_{11}^{BA}	…	x_{1n}^{BA}	x_{11}^{BB}	…	x_{1n}^{BB}	F_1^{BA}	F_1^{BB}	E_1^B	X_1^B
		…	…	…	…	…	…	…	…	…	…	…
		部门n	x_{n1}^{BA}	…	x_{nn}^{BA}	x_{n1}^{BB}	…	x_{nn}^{BB}	F_n^{BA}	F_n^{BB}	E_n^B	X_n^B
国际保险与运费			BA_1^A	…	BA_n^A	BA_1^B	…	BA_n^B	BF^A	BF^B		
从其他国家进口			x_1^{WA}	…	x_n^{WA}	x_1^{WB}	…	x_n^{WB}	F^{WA}	F^{WB}		
关税			DA_1^A	…	DA_n^A	DA_1^B	…	DA_n^B	DF^A	DF^B		
最初投入			V_1^A	…	V_n^A	V_1^B	…	V_n^B				
总产出			X_1^A	…	X_n^A	X_1^B	…	X_n^B				

其中，x_{ij}^{AA} 为 A 国部门 j 使用的本国 i 产品的中间投入，x_{ij}^{AB} 为 B 国部门 j 使用的 A 国 i 产品的中间投入，x_{ij}^{BA} 为 A 国部门 j 使用的 B 国 i 产品的中间投入，x_{ij}^{BB} 为 B 国部门 j 使用的本国 i 产品的中间投入；F_i^{AA} 为 A 国对本国 i 产品的最终需求，F_i^{AB} 为 B 国对 A 国 i 产品的最终需求，F_i^{BA} 为 A 国对 B 国 i 产品的最终需求，F_i^{BB} 为 B 国对本国 i 产品的最终需求；E_i^A、E_i^B 分别为 A 国和 B 国 i 产品对其他国家的出口；BA_j^A、BA_j^B 分别为 A 国和 B 国部门 j 的国际保险与运费，BF^A、BF^B 分别为 A 国和 B 国最终使用的国际保险与运费，x_j^{WA}、x_j^{WB} 分别为 A 国和 B 国部门 j 从其他国家的进口，F^{WA}、F^{WB} 分别为 A 国和 B 国最终使用从其他国家的进口；DA_j^A、DA_j^B 分别为 A 国和 B 国部门 j 的关税，DF^A、DF^B 分别为 A 国和 B 国最终使用的关税。

2. 多国间投入产出模型

多国间投入产出模型是两国间模型的扩展和一般形式。它可以用来研究所有内生经济体各部门间的相互关联和依存关系。

列模型和行模型可以分别写为：

$$x_j^S = \sum_R \sum_i A_{ij}^{RS} + BA_j^S + \sum_i WA_{ij}^S + DA_j^S + \sum V_{hj}^S \quad (2\text{-}1)$$

$$x_i^R = \sum_S \sum_j A_{ij}^{RS} + \sum_S \sum_k F_{ik}^{RS} + \sum LW_i^R \quad (2\text{-}2)$$

其中，上标 R、S 分别为模型中的内生经济体，下标 i 和 j 分别为各经济体行向和列向的各个部门，h 和 k 分别为各项增加值和最终需求。BA、WA、DA 和 V 分别是国际运费和保险费、从内生经济体之外其他国家的进口、关税和进口商品税和增加值。

3. 国际产业关联的经济指标

对于多国投入产出表$[x_{ij}^{\alpha\beta}]$，可以计算得到投入系数矩阵$[a_{ij}^{\alpha\beta}]$和列昂惕夫逆矩阵$[b_{ij}^{\alpha\beta}]$。其中，$a_{ij}^{\alpha\beta}=x_{ij}^{\alpha\beta}/X_j^{\beta}$，$x_{ij}^{\alpha\beta}$是经济体$\alpha$的$i$部门对经济体$\beta$的$j$部门的中间投入，$X_j^{\beta}$是经济体$\beta$的$j$部门的总投入。这样，国家间后联系数（影响力系数）定义为：

$$IBL_j^{\beta}=\frac{b_j^{\beta}}{\sum_{\beta}\sum_j b_j^{\beta}/(16\times56)} \tag{2-3}$$

前联系数（感应度系数）定义为：

$$IFL_i^{\alpha}=\frac{b_i^{\alpha}}{\sum_{\alpha}\sum_i b_i^{\alpha}/(16\times56)} \tag{2-4}$$

(二)数据来源及处理

本章采用 WIOD 投入产出表（世界范围的投入产出表，World Input Output Data），进行投入产出分析。WIOD 投入产出表是国际较为通用、包括国家较多、数据较全的投入产出表。该投入产出表提供 44 个经济主体数据，其中有 43 个国家数据（包括 28 个欧盟国家和 15 个其他地区主要国家），并把除这43 个国家以外的所有其他国家合并为一个经济体（称为世界其他国家）。这 43 个国家中，有 16 个是共建"一带一路"国家，即爱沙尼亚、保加利亚、波兰、俄罗斯、捷克、克罗地亚、拉脱维亚、立陶宛、罗马尼亚、斯洛伐克、斯洛文尼亚、土耳其、匈牙利、印度、印度尼西亚(简称印尼)、中国。由于这 16 个国家包括了部分 OECD 国家和金砖国家,其中包括"一带一路"区域内面积大、人口多、经济好的主要国家,基本能够代表"一带一路"区域内信息产业发展较好的国家。

在产业发展和各国国内产业关联分析中,使用 WIOD 的各国投入产出表,且只使用各国国内的生产数据。与中国常用的非竞争性投入产出表不同,WIOD 使用的是竞争性投入产出表,将国内生产的和从国外进口的中间投入分开计算。对于国内产业关联分析,重点是研究信息产业对国内经济的影响,为了真实反映各国国内产业情况,本章的分析没有使用进口数据,只使用国内数据。所以,得出的影响力、感应度数值与中国使用非竞争性投入产出表计算的数值有差别。为了突出产业的发展变化,使用了 2000—2014 年 56×56 部门的投入产出数据。

国家间产业关联分析也使用 WIOD 的国际投入产出表,数据包括每个国家各产业对其他每个国家各产业生产的投入,能够看到一国产品投入来源于哪个国家的哪个产业,建立世界投入产出关系网。该国际投入产出表包括 43 个国家和世界其他国家数据,本章保留"一带一路"16 国的原始数据,并将其他 27 个国家的数据合并入世界其他国家。考虑到主要研究目的是揭示国家间产业关联,没有必要追踪历史变化趋势,所以只使用了 2014 年的数据。在计算影响力和感应度时，使用 16 国数据，形成 16×16×56×56 的矩阵，以显示"一带一路"区域内国家间的产业关联。在计算技术关联指标时，使用 16 国和世界其他国家数据，形成 17×17×56×56 的矩阵，以同时显示"一带一路"区域国家在世界范围中的技术依存度。

结合已有关于信息产业对国民经济各行业影响的研究，信息产业按 WIOD 分类包括三个细分产业：①电信和其他信息传输服务业（编号 J61，Telecommunications，简称电信业）、计算机服务业；②软件业（编号 J62 _ J63，Computer programming，consultancy and related activities；information service activities，简称 IT 服务业）；③通信设备、计算机及其他电子设备制造业（编号 C26，Manufacture of computer，electronic and optical products，简称 IT 制造业）。

三、信息产业发展对经济的影响

（一）信息产业对本国的影响

随着计算机、互联网、移动电话等的普及，信息产业快速发展起来，而且通过产业关联效应带动了各国产业部门的发展，进而促进经济增长。

1. 信息产业对国民经济增长的影响

利用投入产出表数据，可以计算出信息产业产值、信息产业产值占国内总产值比重、信息产业对 GDP 增长的直接贡献率等信息。（见表 2-2）

表 2-2　信息产业增加值及其对经济增长的直接贡献率

	信息产业增加值（百万美元）		信息产业产值占国内总产出的比重（%）		信息产业对 GDP 的直接贡献率（%）			
	2000 年	2014 年	2000 年	2014 年	电信业	IT服务业	IT制造业	信息产业
爱沙尼亚	240.00	1304.00	4.74	5.57	0.82	3.76	1.23	5.81
保加利亚	317.00	2595.00	2.73	5.26	2.48	3.08	0.48	6.03
波兰	4122.00	16033.00	2.70	3.31	1.33	1.77	0.49	3.59
俄罗斯	6637.00	43271.00	2.85	2.66	1.88	0	0.76	2.63
捷克	2400.00	10104.00	4.25	5.43	1.01	3.05	1.88	5.94
克罗地亚	784.00	1978.00	4.32	4.11	1.91	1.74	0.32	3.98
拉脱维亚	330.00	1239.00	4.64	4.46	0.91	3.04	0.46	4.41
立陶宛	469.00	1354.00	4.57	3.10	0.96	1.44	0.25	2.65
罗马尼亚	1936.00	10262.00	5.72	5.69	1.34	3.67	0.68	5.69
斯洛伐克	686.00	4274.00	3.72	4.69	1.39	2.53	1.01	4.94
斯洛文尼亚	658.00	1818.00	3.72	4.25	1.71	2.59	0.32	4.61
土耳其	6800.00	17562.00	2.58	2.47	1.85	0.25	0.31	2.40
匈牙利	2389.00	6778.00	5.91	5.81	0.93	3.02	1.81	5.76
印度	15333.00	103476.00	3.35	5.19	1.07	4.41	0.25	5.73
印度尼西亚	3919.00	30092.00	2.21	3.46	2.94	0.30	0.55	3.79

续表

	信息产业增加值（百万美元）		信息产业产值占国内总产出的比重(%)		信息产业对 GDP 的直接贡献率(%)			
	2000 年	2014 年	2000 年	2014 年	电信业	IT 服务业	IT 制造业	信息产业
中国	49882.00	533226.00	4.16	5.19	2.09	0.66	0	5.32
平均			3.59	4.68	1.54	2.21	0.68	4.58

注：信息产业对 GDP 增长的直接贡献率＝信息产业增加值增量/GDP 增量，其中信息产业增加值是三个细分产业的合计。

随着互联网等信息技术的发展，信息产业规模不断壮大，2000 年到 2014 年，产业总规模增长了 9 倍多，年化增速为 18%。16 个国家的信息产业产值占国内总产出的平均比重从 2000 年的 3.6% 增长到 2014 年的 4.7%。但每个细分产业的表现不同，电信业会逐渐成熟并有衰退趋势，IT 服务业属于发展空间较大的产业，IT 制造业能够维持较强的生命力。

信息产业对国民经济增长的最直接影响，主要体现在信息产业增加值对国民经济增长的直接贡献上。各国信息产业在 2000—2014 年对 GDP 的直接贡献率平均为 2.4%～6.03%，平均直接贡献率为 4.58%。由于各国信息产业发展情况不同，其对经济增长的贡献率也差距较大。

2. 信息产业的影响力和感应度关联分析

根据投入产出表，可以计算影响力指标反映信息产业对其后向关联部门的拉动效应，以及感应度指标反映对其前向关联部门的推动作用。

基于三个细分产业数据，可以计算信息产业影响力的平均值。2014 年，各国互联网基础产业的平均影响力最小的立陶宛为 1.25，最大的中国为 2.40。（见表 2-3）

表 2-3　信息产业影响力

国家	电信业影响力		IT 服务业影响力		IT 制造业影响力		平均影响力	
	2000 年	2014 年	2000 年	2014 年	2000 年	2014 年	2000 年	2014 年
爱沙尼亚	1.51	1.61	1.61	1.38	1.18	1.12	1.43	1.37
保加利亚	1.58	1.56	1.88	1.55	1.91	1.39	1.79	1.50
波兰	1.72	1.66	1.53	1.52	1.57	1.40	1.61	1.53
俄罗斯	1.58	1.72	1.00	1.00	1.87	2.15	1.48	1.62
捷克	1.67	1.57	1.63	1.57	1.42	1.25	1.57	1.46
克罗地亚	1.43	1.55	1.43	1.46	1.44	1.49	1.43	1.50
拉脱维亚	1.53	1.8	1.63	1.46	1.34	1.33	1.50	1.53
立陶宛	1.28	1.28	1.38	1.29	1.69	1.17	1.45	1.25
罗马尼亚	1.34	1.55	1.18	1.51	1.50	1.58	1.34	1.55
斯洛伐克	1.66	1.57	1.78	1.55	1.33	1.11	1.59	1.41
斯洛文尼亚	1.65	1.67	1.53	1.46	1.49	1.33	1.56	1.49
土耳其	1.66	1.61	1.51	1.46	2.16	1.64	1.78	1.57
匈牙利	1.41	1.39	1.46	1.29	1.23	1.11	1.37	1.26
印度	1.23	1.23	1.36	1.23	2.09	2.13	1.56	1.53
印度尼西亚	1.32	1.47	1.34	1.65	1.86	1.70	1.51	1.61
中国	1.66	1.85	2.44	2.36	2.52	2.98	2.21	2.40

注：作者自制。俄罗斯 IT 服务业没有数据，影响力为 1。

同样可以计算信息产业感应度数值。2014 年，各国信息产业的平均感应度最小的立陶宛为 1.25，最大的中国为 2.29。（见表 2-4）

表 2-4　信息产业感应度

国家	电信业感应度		IT 服务业感应度		IT 制造业感应度		平均感应度	
	2000 年	2014 年	2000 年	2014 年	2000 年	2014 年	2000 年	2014 年
爱沙尼亚	2.37	1.83	1.32	1.72	1.03	1.03	1.57	1.53
保加利亚	1.73	1.75	1.40	1.73	1.34	1.04	1.49	1.51
波兰	1.77	1.66	1.41	1.71	1.14	1.04	1.44	1.47
俄罗斯	1.80	1.79	1.00	1.00	1.51	1.54	1.44	1.44
捷克	2.34	1.70	1.37	1.90	1.23	1.05	1.65	1.55
克罗地亚	2.03	1.91	1.19	1.48	1.27	1.10	1.50	1.50
拉脱维亚	2.33	1.85	1.40	1.93	1.03	1.00	1.59	1.59
立陶宛	1.73	1.37	1.08	1.22	2.54	1.16	1.78	1.25
罗马尼亚	1.94	1.53	1.35	1.91	1.10	1.14	1.46	1.53
斯洛伐克	1.90	1.37	1.34	1.90	1.21	1.05	1.48	1.44
斯洛文尼亚	1.68	1.73	1.40	1.84	1.44	1.14	1.51	1.57
土耳其	1.78	1.80	1.17	1.16	1.66	1.25	1.54	1.40
匈牙利	1.72	1.30	1.58	1.65	1.26	1.10	1.52	1.35
印度	1.62	1.44	1.26	1.45	1.47	1.51	1.45	1.47
印度尼西亚	1.39	1.86	1.05	1.32	1.00	1.35	1.15	1.51
中国	1.64	1.85	1.29	1.16	2.93	3.87	1.95	2.29

注：作者自制。俄罗斯 IT 服务业没有数据，感应度为 1。

　　为了同时反映细分产业部门的影响力和感应度，以感应度为横坐标、影响力为纵坐标，以 1 为分界线，以均值（1，1）为坐标原点，将坐标轴分为四个象限，展示各国信息产业细分经济部门落入象限的情况，气泡大小代表产值占比。

　　各国电信业的影响力多数小于 1，感应度多数大于 1，说明该产业对本国其他产业的拉动不算大，但推动力不小。中国以及互联网普及率较低的印度和印度尼西亚，影响力和感应度都不高，说明电信业在这些国家的产业联动作用不大。箭头走势主要是向左，感应度有下降的趋势，说明对本国各产业的推动力在减弱。从气泡大小变化看，电信业比重变化不算大，但在占比较大国家中，电信业的感应度较大，对其他产业的推动作用更明显。（见图 2-1）

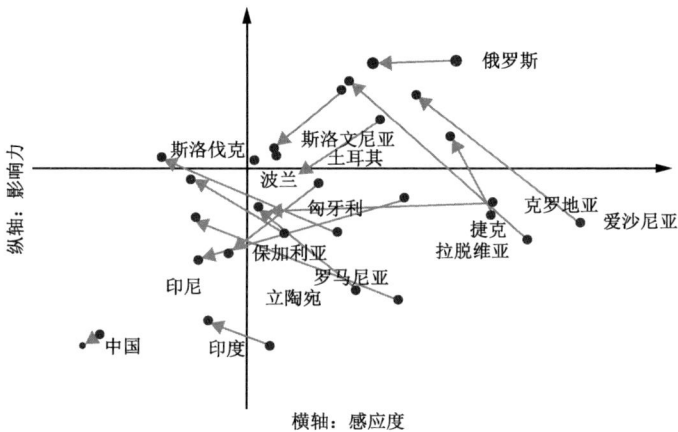

图 2-1 电信业的联动作用变化示意图

从当前位置看，IT 服务业的影响力和感应度多数处于交叉点左下方（第三象限），说明该产业对其他产业的推动和拉动作用都不算大。从变化趋势看，很多国家的箭头走向左下方，说明 IT 服务业对其他产业的推动和拉动作用在减弱；也有不少国家的箭头走向左上方，说明其感应度快速下降的同时影响力在增加，东欧国家、印度有条件为西方发达国家提供 IT 服务，这一趋势尤为明显。不过，从气泡大小变化来看，东欧国家 IT 服

务业的比重下降明显。（见图 2-2）

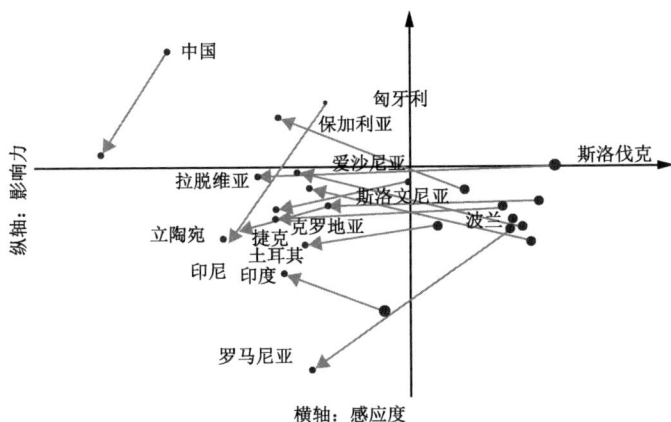

图 2-2　IT 服务业的联动作用变化示意图

从当前位置看，IT 制造业的影响力和感应度都处于交叉点右上方（第一象限），说明 IT 制造业对其他产业的推动和拉动作用都非常大。从变化趋势看，很多国家的箭头走向左下方，说明其推动和拉动作用都在减弱。从气泡大小看，IT 制造业比重变化不大。（见图 2-3）

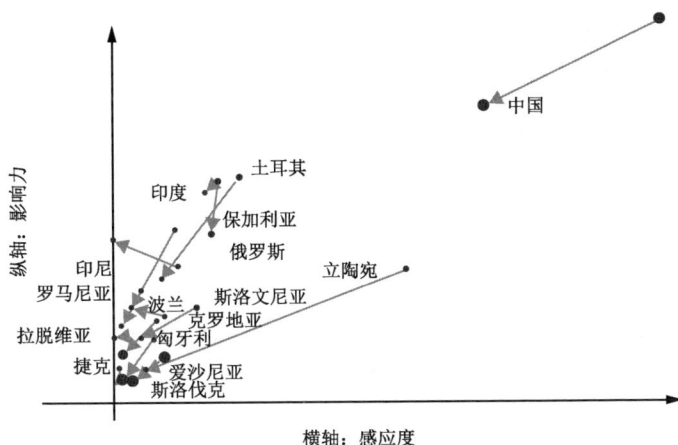

图 2-3　IT 制造业的联动作用变化示意图

(二)信息产业对其他国家的影响

1. 影响力系数分析

影响力系数可以反映信息产业对其后向关联部门的拉动效应。依据 16 国国家间投入产出表,利用矩阵运算得出各国各个部门的国际影响力系数,如表 2-5、表 2-6、表 2-7 所示。表格上方国家表示影响来源国家(以 A 代表),左侧国家表示被影响国家(以 B 代表),表格中的数据表示来自 A 国的电信业对 B 国的产业影响力。对角线是本国产业对本国的影响数据,来自本国产业的影响力远大于来自国际的影响力。

表 2-5 显示各国电信业的国际影响力系数。横向观察各国受到的影响力系数发现,中国受到的国外电信业的影响最大,其中来自波兰、捷克等国的影响比较突出(达到 0.11),展示了"一带一路"区域国家在本国电信业发展的过程中,拉动了中国相关产业发展,这也符合中国作为"世界工厂"的地位。俄罗斯、波兰从绝大多数东欧国家电信业发展中获益,考虑到俄罗斯使用的俄语文化在东欧影响广泛和相对独立的信息产业体系,波兰较早加入欧盟以及其重要的地理位置,其产品均有一定的国际竞争力。纵向观察表格,可以发现对国外电信业影响较大的国家主要是东欧国家,以拉脱维亚、罗马尼亚、爱沙尼亚等国为代表,除了中国外,主要是对周边国家影响较明显。

表 2-5　电信业的国际影响力系数

被影响国家	影响来源国家															
	爱沙尼亚	保加利亚	波兰	俄罗斯	捷克	克罗地亚	拉脱维亚	立陶宛	罗马尼亚	斯洛伐克	斯洛文尼亚	土耳其	匈牙利	印度	印度尼西亚	中国
爱沙尼亚	1.61	0	0	0	0	0	0.03	0.01	0	0	0	0	0	0	0	0
保加利亚	0	1.56	0	0	0	0	0	0	0.01	0	0	0	0	0	0	0
波兰	0.02	0	1.66	0	0.01	0	0.02	0.01	0.01	0.01	0.01	0	0.01	0	0	0
俄罗斯	0.02	0.01	0.02	1.72	0.01	0.01	0.02	0.01	0.02	0.01	0	0.01	0.01	0	0	0
捷克	0	0.01	0.01	0	1.57	0	0.01	0	0.01	0.03	0.01	0	0.01	0	0	0
克罗地亚	0	0	0	0	0	1.55	0	0	0	0	0.03	0	0	0	0	0
拉脱维亚	0.03	0	0	0	0	0	1.80	0	0	0	0	0	0	0	0	0
立陶宛	0.01	0	0	0	0	0	0.02	1.28	0	0	0	0	0	0	0	0
罗马尼亚	0	0.01	0	0	0	0	0	0	1.55	0	0.01	0	0.01	0	0	0
斯洛伐克	0	0	0.01	0	0.03	0	0.01	0	0.01	1.57	0	0	0.01	0	0	0

续表

影响来源国家

被影响国家	爱沙尼亚	保加利亚	波兰	俄罗斯	捷克	克罗地亚	拉脱维亚	立陶宛	罗马尼亚	斯洛伐克	斯洛文尼亚	土耳其	匈牙利	印度	印度尼西亚	中国
斯洛文尼亚	0	0	0	0	0	0.01	0	0	0	0	1.68	0	0	0	0	0
土耳其	0	0.01	0	0	0	0	0	0	0.01	0	0	1.61	0	0	0	0
匈牙利	0	0	0	0	0	0	0	0	0.02	0.01	0.01	0	1.39	0	0	0
印度	0	0	0	0	0	0	0	0	0	0	0	0	0	1.23	0	0
印度尼西亚	0	0	0	0	0	0	0	0	0	0	0	0	0	0	1.47	0
中国	0.05	0.02	0.11	0.02	0.11	0.01	0.03	0.02	0.05	0.03	0.03	0.07	0.05	0.04	0.03	1.85

注:作者自制。

由表 2-6 可以看出，各国对中国 IT 服务业的影响力仍然最大，但与对其他国家的影响比相差不算太明显，影响力系数最高值仅 0.08，而且影响力随着与中国的距离增加而有明显衰减，这与 IT 服务业主要需要人力资本投入和需要保持较为密切联系有一定关系。其他国家的 IT 服务业影响力与电信业相差不大。

表 2-7 说明，中国 IT 制造业明显受到各国较大影响，而且这一影响与中国国内的影响差距不大，充分说明中国 IT 制造业出口的重要拉动作用。不同国家对中国的影响差距较大，匈牙利（0.61）、捷克（0.58）、爱沙尼亚（0.49）等东欧国家对中国的依赖程度较大。俄罗斯、波兰、捷克、斯洛伐克等国也都在国际产业合作中获得不少收益。

2. 感应度系数分析

感应度系数反映信息产业对其前向关联部门的推动作用，通过分析信息产业的国际感应度系数，可以了解其在国际产业合作中对其他国家产业发展的推动作用。依据 16 国的国家间投入产出表，利用矩阵运算得出各国互联网各产业部门的国际感应度和国际感应度系数。

表 2-6 IT 服务业的国际影响力系数

被影响国家	影响来源国家															
	爱沙尼亚	保加利亚	波兰	俄罗斯	捷克	克罗地亚	拉脱维亚	立陶宛	罗马尼亚	斯洛伐克	斯洛文尼亚	土耳其	匈牙利	印度	印度尼西亚	中国
爱沙尼亚	1.38	0	0	0	0	0	0.01	0.01	0	0	0	0	0	0	0	0
保加利亚	0	1.55	0	0	0	0	0	0	0	0	0	0	0	0	0	0
波兰	0.01	0.01	1.52	0	0.01	0	0.01	0.02	0.01	0.01	0.01	0	0.01	0	0	0
俄罗斯	0.01	0.01	0.01	1.00	0.01	0.01	0.02	0.01	0.01	0.01	0	0	0	0	0	0
捷克	0	0.01	0.01	0	1.57	0	0	0.01	0.01	0.04	0.01	0.01	0	0	0	0
克罗地亚	0	0	0	0	0	1.46	0	0	0	0	0.01	0	0	0	0	0
拉脱维亚	0.02	0	0	0	0	0	1.46	0.01	0	0	0	0	0	0	0	0
立陶宛	0.01	0	0	0	0	0	0.01	1.29	0	0	0	0	0	0	0	0
罗马尼亚	0	0.01	0	0	0	0	0	0.01	1.51	0	0	0	0.01	0	0	0
斯洛伐克	0	0	0	0	0.01	0	0	0	0	1.55	0	0	0.01	0	0	0

续表

被影响国家 \ 影响来源国家	爱沙尼亚	保加利亚	波兰	俄罗斯	捷克	克罗地亚	拉脱维亚	立陶宛	罗马尼亚	斯洛伐克	斯洛文尼亚	土耳其	匈牙利	印度	印度尼西亚	中国
斯洛文尼亚	0	0	0	0	0	0.01	0	0	0	0	1.46	0	0	0	0	0
土耳其	0	0.01	0	0	0	0	0	0	0.01	0	0	1.46	0	0	0	0
匈牙利	0	0	0	0	0	0.01	0	0	0.02	0.01	0	0	1.29	0	0	0
印度	0	0	0	0	0	0	0	0	0	0	0	0	0	1.23	0	0
印度尼西亚	0	0	0	0	0	0	0	0	0	0	0	0	0	0	1.65	0
中国	0.03	0.02	0.05	0	0.03	0.01	0.02	0.08	0.06	0.03	0.02	0.05	0.04	0.01	0.07	2.38

注：作者自制。

表2-7 IT制造业的国际影响力系数

被影响国家	影响来源国家															
	爱沙尼亚	保加利亚	波兰	俄罗斯	捷克	克罗地亚	拉脱维亚	立陶宛	罗马尼亚	斯洛伐克	斯洛文尼亚	土耳其	匈牙利	印度	印度尼西亚	中国
爱沙尼亚	1.12	0	0	0	0	0	0.02	0.01	0	0	0	0	0	0	0	0
保加利亚	0	1.39	0	0	0	0	0	0	0.01	0	0	0	0	0	0	0
波兰	0.21	0.01	1.40	0.01	0.05	0.01	0.06	0.05	0.02	0.04	0.01	0.01	0.04	0	0	0
俄罗斯	0.04	0.03	0.03	2.15	0.02	0.01	0.03	0.03	0.02	0.02	0.01	0.03	0.01	0.01	0.01	0.01
捷克	0.02	0.02	0.02	0	1.25	0.01	0.01	0.01	0.01	0.07	0.01	0.01	0.02	0	0	0
克罗地亚	0	0	0	0	0	1.49	0	0	0	0	0.01	0	0	0	0	0
拉脱维亚	0.01	0	0	0	0	0	1.34	0.01	0	0	0	0	0	0	0	0
立陶宛	0.01	0	0	0	0	0	0.02	1.17	0	0	0	0	0	0	0	0
罗马尼亚	0.04	0.02	0.01	0	0	0	0	0	1.59	0.01	0	0	0.02	0	0	0
斯洛伐克	0.01	0.01	0.01	0	0.02	0	0	0	0.01	1.12	0.01	0	0.02	0	0	0

续表

被影响国家	影响来源国家															
	爱沙尼亚	保加利亚	波兰	俄罗斯	捷克	克罗地亚	拉脱维亚	立陶宛	罗马尼亚	斯洛伐克	斯洛文尼亚	土耳其	匈牙利	印度	印度尼西亚	中国
斯洛文尼亚	0	0	0	0	0	0.03	0	0	0	0	1.33	0	0	0	0	0
土耳其	0.01	0.04	0.01	0.01	0.01	0	0.01	0	0.02	0.01	0.01	1.64	0.01	0	0	0
匈牙利	0.06	0.02	0.01	0	0.01	0.01	0	0	0.03	0.03	0.01	0	1.11	0	0	0
印度	0.01	0.01	0	0	0.01	0.01	0	0	0	0.01	0.01	0.01	0.01	2.13	0.01	0
印度尼西亚	0.01	0	0.01	0	0	0	0	0	0	0.01	0	0.01	0.01	0.01	1.71	0
中国	0.49	0.11	0.38	0.07	0.58	0.09	0.22	0.15	0.10	0.36	0.14	0.38	0.61	0.19	0.32	3.03

注：作者自制。

表 2-8 显示，俄罗斯电信业的感应度系数较高，说明该国的电信业扩张能力强，对周边国家发展起到了显著推动作用。中国、波兰、捷克、斯洛伐克等国的电信业也在多个国家有所表现。

表 2-9 显示，波兰、捷克、罗马尼亚、印度等国 IT 服务业外向型较明显。

表 2-10 显示，中国 IT 制造业的国际感应度超群，波兰、俄罗斯、捷克、匈牙利等国也有所表现。

3. 综合关联分析

可以作图对比互联网各细分产业的对国内和国外的影响力系数、感应度系数。图 2-4 中以感应度系数为横坐标、影响力系数为纵坐标，以 1 为分界线，以均值（1，1）为坐标原点，将坐标轴分为四个象限，气泡大小代表互联网普及率。

观察各关联度所处的象限发现，几乎所有国家的国内关联都位于第一象限，只有中国 IT 制造业的国外关联位于第四象限，其他所有国家信息产业关联都位于第三象限。多数国家信息产业对国内的关联明显大于其国外关联，国内产业波及效应要更明显。

表 2-8　电信业的国际感应度系数

被影响国家	影响来源国家															
	爱沙尼亚	保加利亚	波兰	俄罗斯	捷克	克罗地亚	拉脱维亚	立陶宛	罗马尼亚	斯洛伐克	斯洛文尼亚	土耳其	匈牙利	印度	印度尼西亚	中国
爱沙尼亚	1.83	0	0.02	0.04	0	0	0.04	0.02	0	0	0	0	0	0	0	0.02
保加利亚	0	1.75	0	0.01	0	0	0	0	0.01	0	0	0.01	0	0	0	0.01
波兰	0	0	1.66	0.03	0.01	0	0	0	0	0	0	0	0	0	0	0.01
俄罗斯	0	0	0	1.79	0	0	0	0	0	0	0	0	0	0	0	0.01
捷克	0	0	0.01	0.02	1.70	0	0	0	0	0.03	0	0	0	0	0	0.01
克罗地亚	0	0	0	0.01	0	1.91	0	0	0	0	0.02	0	0	0	0	0.01
拉脱维亚	0.04	0	0.01	0.04	0.01	0	1.85	0.01	0	0.01	0	0	0	0	0	0.01
立陶宛	0.02	0	0.01	0.03	0	0	0	1.37	0	0	0	0	0	0	0	0.01
罗马尼亚	0	0	0.01	0.02	0	0	0	0	1.53	0.01	0	0.01	0	0	0	0.01
斯洛伐克	0	0	0.01	0.02	0.03	0	0	0	0	1.37	0	0	0	0	0	0.01

续表

被影响国家	影响来源国家															
	爱沙尼亚	保加利亚	波兰	俄罗斯	捷克	克罗地亚	拉脱维亚	立陶宛	罗马尼亚	斯洛伐克	斯洛文尼亚	土耳其	匈牙利	印度	印度尼西亚	中国
斯洛文尼亚	0	0	0.01	0.01	0.01	0.05	0	0	0.01	0	1.73	0	0	0	0	0.01
土耳其	0	0	0	0.01	0	0	0	0	0	0	0	1.80	0	0	0	0.01
匈牙利	0	0	0.01	0.01	0.01	0	0	0	0.01	0	0	0	1.30	0	0	0.01
印度	0	0	0	0	0	0	0	0	0	0	0	0	0	1.44	0	0.01
印度尼西亚	0	0	0	0	0	0	0	0	0	0	0	0	0	0	1.86	0.01
中国	0	0	0	0	0	0	0	0	0	0	0	0	0	0	0	1.86

注：作者自制。

表 2-9 IT 服务业的国际感应度系数

被影响国家	影响来源国家															
	爱沙尼亚	保加利亚	波兰	俄罗斯	捷克	克罗地亚	拉脱维亚	立陶宛	罗马尼亚	斯洛伐克	斯洛文尼亚	土耳其	匈牙利	印度	印度尼西亚	中国
爱沙尼亚	1.72	0	0.02	0	0	0	0.02	0	0.01	0	0	0	0	0.01	0	0.01
保加利亚	0	1.74	0.01	0	0.01	0	0	0	0.02	0	0	0	0	0.01	0	0
波兰	0	0	1.71	0	0.01	0	0	0	0	0	0	0	0	0.01	0	0.01
俄罗斯	0	0	0	1.00	0	0	0	0	0	0	0	0	0	0	0	0
捷克	0	0	0.02	0	1.91	0	0	0	0	0.02	0	0	0	0.01	0	0.01
克罗地亚	0	0	0.01	0	0	1.48	0	0	0	0	0.01	0	0.01	0.01	0	0
拉脱维亚	0.04	0	0.02	0	0.01	0	1.93	0.01	0	0	0	0	0.01	0.01	0	0
立陶宛	0.01	0	0.02	0	0	0	0.01	1.22	0	0	0	0	0	0	0	0
罗马尼亚	0	0	0.01	0	0	0	0	0	1.91	0	0	0	0.01	0	0	0
斯洛伐克	0	0	0.02	0	0.05	0	0	0	0	1.90	0	0	0.01	0.01	0	0

续表

被影响国家	影响来源国家															
	爱沙尼亚	保加利亚	波兰	俄罗斯	捷克	克罗地亚	拉脱维亚	立陶宛	罗马尼亚	斯洛伐克	斯洛文尼亚	土耳其	匈牙利	印度	印度尼西亚	中国
斯洛文尼亚	0	0	0.01	0	0.01	0.01	0	0	0.01	0.01	1.84	0	0.01	0.01	0	0
土耳其	0	0	0	0	0	0	0	0	0	0	0	1.16	0	0	0	0
匈牙利	0	0	0.01	0	0.02	0	0	0	0.01	0.01	0	0	1.65	0.01	0	0.01
印度	0	0	0	0	0	0	0	0	0	0	0	0	0	1.46	0	0
印度尼西亚	0	0	0	0	0	0	0	0	0	0	0	0	0	0	1.32	0
中国	0	0	0	0	0	0	0	0	0	0	0	0	0	0	0	1.17

注：作者自制。

表2-10　IT制造业的国际感应度系数

被影响国家	影响来源国家															
	爱沙尼亚	保加利亚	波兰	俄罗斯	捷克	克罗地亚	拉脱维亚	立陶宛	罗马尼亚	斯洛伐克	斯洛文尼亚	土耳其	匈牙利	印度	印度尼西亚	中国
爱沙尼亚	1.03	0	0.13	0.03	0.01	0	0	0	0.02	0	0	0	0.06	0	0	0.47
保加利亚	0	1.04	0.01	0.03	0.03	0	0	0	0.01	0.01	0	0.01	0.03	0	0	0.23
波兰	0	0	1.04	0.02	0.02	0	0	0	0	0.01	0	0	0.01	0	0.01	0.48
俄罗斯	0	0	0	1.54	0	0	0	0	0	0	0	0	0	0	0	0.07
捷克	0	0	0.03	0.02	1.05	0	0	0	0	0.02	0	0	0.02	0	0	0.84
克罗地亚	0	0	0.01	0.01	0.01	1.10	0	0	0	0	0.02	0	0.01	0	0	0.16
拉脱维亚	0.03	0	0.03	0.04	0.01	0	1.00	0.01	0	0	0	0	0	0	0	0.25
立陶宛	0.02	0	0.05	0.03	0.03	0	0.01	1.16	0	0	0	0	0	0	0	0.36
罗马尼亚	0	0	0.01	0.01	0.02	0	0	0	1.14	0.02	0	0	0.07	0	0	0.32
斯洛伐克	0	0	0.02	0.01	0.06	0	0	0	0	1.05	0	0	0.03	0	0	0.43

续表

被影响国家	影响来源国家															
	爱沙尼亚	保加利亚	波兰	俄罗斯	捷克	克罗地亚	拉脱维亚	立陶宛	罗马尼亚	斯洛伐克	斯洛文尼亚	土耳其	匈牙利	印度	印度尼西亚	中国
斯洛文尼亚	0	0	0.01	0.01	0.01	0.01	0	0	0	0.01	1.14	0	0.01	0	0	0.26
土耳其	0	0	0.01	0.01	0.01	0	0	0	0	0	0	1.25	0	0	0	0.41
匈牙利	0	0	0.03	0.01	0.02	0	0	0	0.01	0.02	0	0.01	1.10	0	0.01	0.76
印度	0	0	0	0	0	0	0	0	0	0	0	0	0	1.51	0	0.21
印度尼西亚	0	0	0	0	0	0	0	0	0	0	0	0	0	0	1.35	0.34
中国	0	0	0	0	0	0	0	0	0	0	0	0	0	0	0	3.98

注：作者自制。

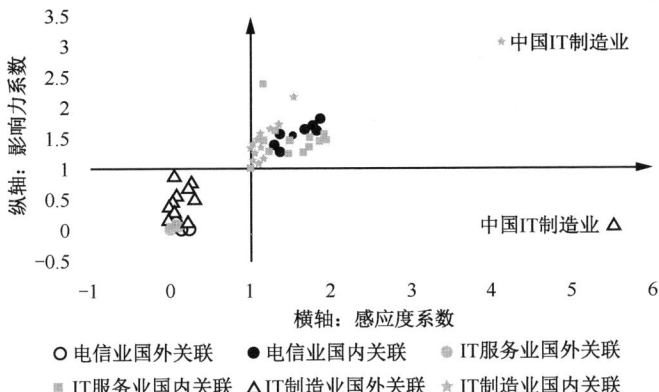

图 2-4　信息产业的联动作用对比图

　　互联网各细分产业之间的差异也较为明显。在各产业的国外联动中，IT 制造业的国际产业链比较发达，需要较多的国外产业提供中间产品，所以其对国外产业的影响力明显高于其他两个产业。而国内联动效应的差别就没有这么明显。中国的 IT 制造业是个特例，无论是国内还是国外的感应度都非常高，说明其对国内国外经济都有明显的推动作用，而且对国外的推动作用更为明显，不过其对国内产业影响力当然远超于对国外产业的影响力。

　　从气泡大小看，一国的互联网普及率与该国信息产业的国外关联度有一定关系。产业的国外关联度较高的国家，基本上都是本国互联网普及率较高的国家，而信息产业的国内关联度与互联网普及率的关系则没有那么密切。这可以从侧面说明，一国自身互联网发展水平不高，该国信息产业也很难走向国外。

第三章 | 数字"一带一路"与科技创新

当前，数字经济的快速发展，对"一带一路"沿线国家乘上数字经济的高速列车，加快经济发展和基础设施建设，促进就业和稳定民生至关重要。多年来，作为"一带一路"框架下各国陆海互联互通的有力补充，数字"一带一路"建设从无到有、由点及面，取得积极进展，形成了共商、共建、共享的合作局面，在多个领域取得了良好进展。

一、数字基础设施建设

中国信息和通信基础设施建设规模不断

扩大。中国建成全球规模最大的光纤网络和 4G 网络，固定宽带家庭普及率由 2015 年年底的 52.6％提升到 2020 年年底的 96％，移动宽带用户普及率由 2015 年年底的 57.4％提升到 2020 年年底的 108％，全国建制村、贫困村通光纤和通 4G 比例均超过 98％。① (见图 3-1)同时，5G 网络加快发展。5G 网络建设速度和规模位居全球第一，2021 年，全国新增 65 万多个 5G 基站，累计建成 142.5 万个 5G 基站，5G 手机在国内手机市场出货量占比连续数月在 70％以上，5G 终端连接数超过 3 亿。② 移动互联网用户接入流量由 2015 年年底的 41.9 亿 GB 增长到 2021 年的 2216 亿 GB。互联网协议第六版(IPv6)端到端贯通能力显著提升。

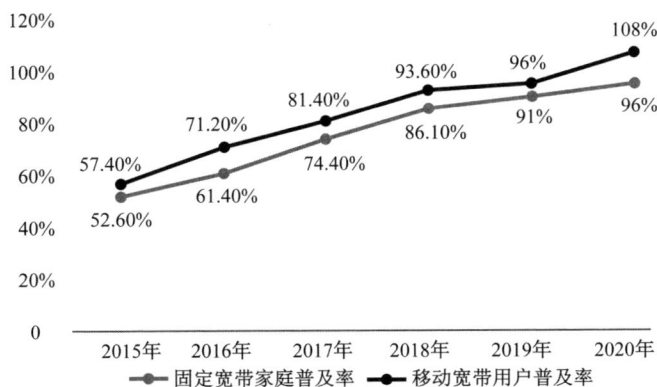

图 3-1 中国固定宽带家庭普及率、
移动宽带用户普及率增长情况
数据来源：工业和信息化部

---

① 国家互联网信息办公室：《数字中国发展报告(2020 年)》，2021-07-03。
② 国家工业信息安全发展研究中心：《2020—2021 年度数字经济形势分析》，2021(1)。

IPv6 规模部署取得明显成效，固定宽带和移动 LTE 网络 IPv6 升级改造全面完成，截至 2021 年 12 月，IPv6 活跃用户数达 6.08 亿。北斗三号全球卫星导航系统开通，全球范围定位精度优于 10 米。①

据估计，到 2024 年，全球约有一半地区将被 5G 网络覆盖，超过 10 亿人将使用 5G 通信网络技术，共建“一带一路”国家是其中非常重要的增长极。中国作为 5G 通信网络技术的领先者，大力帮助“一带一路”沿线国家升级数字基础设施，为其经济发展创造新机遇和新增长点，并与当地电信运营商合作建设 5G 基站。其中，包括华为和中兴通讯等在内的中国电信设备制造商在“一带一路”沿线国家 5G 建设方面发挥突出作用。据第三方报告显示，在瑞士、德国、芬兰、荷兰、韩国、沙特等 13 个国家，华为承建的 5G 网络用户体验均为最佳。据华为官网报道，南非最大的移动运营商已于 2020 年 7 月与华为联合推出非洲首个独立 5G 网络，使该提供商能够在所有覆盖区域显著提升其固定无线宽带（FWA）服务体验。

随着“一带一路”建设的推进，对中国网络全球化服务提供能力也提出了更高的要求。海缆系统是世界通信网络的中枢神经，承载 99％的国际互联宽带，5G、大数据、云服务、计算、物联网等应用数据最终汇入洲际通信网络中。近年来中国光缆

---

① 国家互联网信息办公室：《数字中国发展报告（2020 年）》，2021-07-03。

行业发展迅速，产销量占到了全球 50％ 以上份额，中国已经从依赖外国公司提供海底电缆转变为世界上第四大光缆系统供应商，形成了长飞、亨通、烽火、中天、富通五大企业，亨通、中天、通光在深海海缆制造方面实现突破，其中亨通已完成 5000 米深海测试。另外，华为在海缆传输领域的光通信技术方面处于世界领先的技术水平。[①] 在项目经验上，亨通光电、中天科技的光电缆已经打入欧美市场，华为海洋成为全球重要的海缆系统集成商之一，具备了跨洋海缆总承包交付能力和经验。截至 2020 年年底，华为海洋已完成涉及 70 多个国家的 108 个项目。

在"一带一路"框架下，中国加强陆地与海洋基础设施互联互通，与"一带一路"沿线十几个国家建成有关陆缆海缆，系统容量超过 100Tbps，直接连通亚洲、非洲、欧洲等世界各地。[②] "和平光缆"计划（Pakistan and East Africa Connect in Europe，PEACE），是一条 7500 英里（约 1.2 万千米）的高速海底光缆项目，是数字"一带一路"倡议的一部分。它将承载连接中国与非洲和欧洲之间的数据传输，传输能力巨大且延时最小。光缆在欧洲的主要节点在塞浦路斯、马耳他和法国，非洲的主要节点

---

① ［塔吉克斯坦］拉希德·阿利莫夫：《数字丝绸之路潜力无限》，人民网，2020-10-20，http://world. people. com. cn/n1/2020/1020/c1002-31899166. html，2022-04-25 访问。

② 国家互联网信息办公室：《数字中国发展报告（2020 年）》，2021-07-03。

在埃及、吉布提和肯尼亚。新的光缆开通后，将在沿线国家和地区的通信和经济领域发挥重要作用。中国公司将在“云端”为欧洲和非洲客户提供一系列服务，如视频传输、虚拟现实、复杂模型解决方案等，为“一带一路”沿线国家企业带来更多与中国合作的机遇。①

根据印度和平与冲突研究所（Institute of Peace and Conflict Studies）和荷兰莱顿亚洲中心（Leiden Asia Center）的数据，到2019年，中国已经成为全球 11.4% 海底电缆的登陆点、所有者或供应者。

二、数字“一带一路”与跨境电商

近年来，跨境电商作为一种新型的商务交易形式，呈现出快速增长的趋势。在依托互联网重塑国际贸易格局的过程中，中国成功抓住发展机遇，成了世界贸易增长的新支点。全球化智库（CCG）发布的《B2C 跨境电商平台“出海”研究报告》显示，2020 年全球 B2C 跨境电商发展迅猛，尤其是中国 B2C 跨境电商平台“出海”步伐加快。中国牵头编制并发布了《世界海关组织跨

---

① ［捷克］安德烈·盖什（Ondřej Geršl）：《中国推动“一带一路”信息化基础设施互联互通》，中国网，2021-03-16，http://ydyl. china. com. cn/2021-03/16/content_77312056.htm，2022-03-25 访问。

境电商标准框架》，成为全球跨境电商监管服务领域首个指导性文件。2020 年，中国创新开展跨境电商企业对企业（B2B）出口试点，增设了"9710""9810"贸易方式，将跨境电商监管创新成果从 B2C 推广到 B2B 领域，"中欧班列""集拼转口"等新模式融合发展。海关总署的统计数据显示，2021 年中国跨境电商进出口商品总额 1.98 万亿元，同比增长 15％；其中出口 1.44 万亿元，增长 24.5％。[①]（见图 3-2）全球速卖通、eBay、亚马逊等一大波跨境电商平台迅速发展，成为中国和全球商家的桥梁，有效促进了资源的全球流通。截至 2021 年 11 月，仅在跨境电商平台天猫国际成交的商品就涉及全球 80 多个国家和地区的近 30000 个海外品牌，覆盖了 5800 多个品类；全球速卖通自 2010

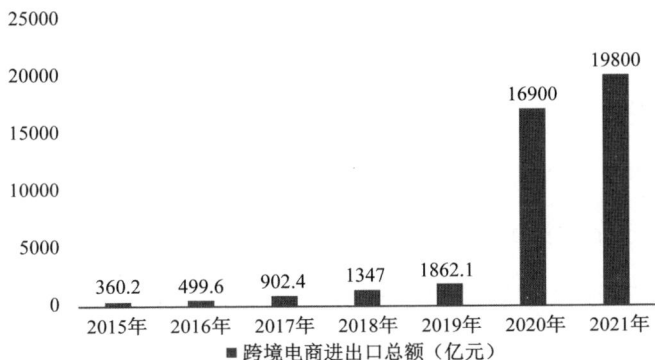

图 3-2　2015—2021 年中国跨境电商进出口总额
数据来源：海关总署

注：2020 年海关总署增列监管方式代码 9710/9810，相关数据均按可比口径计算。

① 《国务院新闻办就 2021 年全年进出口情况举行发布会》，2022-01-15，ht-tp://www.gov.cn/xinwen/2022-01/15/content_5668472.htm，2022-04-12 访问。

年4月上线，作为阿里巴巴旗下唯一面向全球市场的在线交易平台常被称为"海外版淘宝"，如今已覆盖全球220个国家和地区，包含"一带一路"全部国家和地区，海外成交买家数量突破1.5亿，发展势头良好。

随着"一带一路"倡议的不断推进，推动基础设施互联互通、完善资源共享平台、打造跨境产业链和产业集聚带，也为跨境电商平台创造了许多新的发展机遇。全球速卖通大数据显示，2010年至今，全球总交易额（GMV）进入前十的国家中，有38%是"一带一路"沿线国家，并且这些国家大多属于最近四五年的新晋市场。

中国与"一带一路"相关国家电子商务领域的政策沟通不断深入，"一带一路"电商合作机制正逐步建立。2017年阿里巴巴集团推出的世界电子贸易平台（electronic World Trade Platform，eWTP）"数字自由贸易区"方案已在杭州、义乌、马来西亚、卢旺达、比利时、埃塞俄比亚建设了6个数字贸易枢纽，成为推进数字丝路建设的重要依托。截至2021年，中国已经与22个国家和地区签署了电子商务合作备忘录，并建立了长效双边电子商务合作机制，共同开展政策沟通、规划对接、产业促进、地方合作、能力建设等多层次多领域的合作，为共建"一带一路"国家电商发展创造有利环境。

从政策方面来看，中国出台的一系列政策均体现了发展"丝路电商"是深化"一带一路"经贸合作的重要抓手。2021年11月商务部印发《"十四五"对外贸易高质量发展规划》。其中提到，积极发展丝路电商。拓展丝路电商全球布局，建设"一带一路"电子商务大市场。创新发展丝路电商合作框架，推进合作机制建设，丰富合作层次，促进产业对接，扩大产品进出口，支持地方和企业与伙伴国深度合作，培育地方合作集群，推动电商企业加强海外网络建设，加强模式创新和治理经验分享。推进电子商务领域规则谈判，构建电子商务国际规则体系。截至2022年1月，中国已经在132个城市成立了跨境电商综合试验区，从沿海地区向中西部发展，从一线城市向三四线城市扩展，空间分布更为均衡。综合试验区的设立运行，不仅有利于企业跨境资源调配，适应国际贸易业态更新趋势，从供应链、价值链和资源链上构建跨境电子商务综合服务体系，并有效应对新冠疫情影响和促进"稳外贸"目标实现，而且有利于探索优化营商环境、创新发展，推动各地传统企业跨境电商转型升级，从而带动中国跨境电商高质量发展。2021年1月发布的《关于加快数字商务建设 服务构建新发展格局的通知》指出，"丝路电商"行动被列为数字商务建设的五大行动之一。商务部将推动地方参与国际合作，鼓励各地制定实施"丝路电商"地区合作规划、建立专项工作机制、将相关工作纳入省部合作范畴等。各个综合试验区与"一带一路"相关国家和地区积极开展政策、技术和贸易标准对接，探索专线物流的跨境电商物流新模式，宁波跨境电商综合试验区与拉脱维亚投资发展署合作启动了中国(宁波)—拉脱维亚跨境电商港湾项目,西安开通长安号(西安—明斯克)跨境电商出口专列等,一系列实践证明了数字合作格局逐步形成。

三、北斗卫星导航系统

为了改善全球连通性,"数字一带一路"倡议着手进一步推进包括全球卫星导航系统在内的数字基础设施建设,确保共建"一带一路"国家和地区之间实现互联互通。作为数字"一带一路"的关键组成部分,中国北斗卫星导航系统(BeiDou Navigation Satellite System,BDS)是中国为适应经济社会发展需要,自主建设和运行的卫星导航系统;是继 GPS、GLONASS 之后的第三个成熟的卫星导航系统;也是国家重要空间基础设施,为全球用户提供定位、导航和授时服务。北斗系统已于 2020 年7 月正式开通服务,目前共有 45 颗在轨服务的北斗卫星,空间和地面基础设施均已形成较为完备的服务能力,产业体系基本形成,产业应用初具规模,海外市场拓展取得积极成效,同时有效支持相关行业和服务提供商"走出去"。[1]

---

[1]　国家发展改革委:《完善北斗产业发展支持政策》,载《经济参考报》,2022-04-07。

随着北斗系统建设和服务能力的发展，相关产品已广泛应用于产品制造、行业服务、大众应用等方面，逐步渗透到人类社会生产和人们生活的方方面面，深刻改变着人们的生产生活方式。[①] 以交通运输为例，截至 2021 年年底，已有超过 790 万辆道路营运车辆安装使用北斗系统，近 8000 台各型号北斗终端在铁路领域应用推广，基于北斗系统的农机自动驾驶系统超过 10 万台/套。在电子商务、移动智能终端制造方面，2021 年，国内支持北斗系统的导航服务的智能手机出货量达到 3.24 亿部，占国内智能手机总出货量 94.5%。[②] 在位置服务方面，《2021 中国卫星导航与位置服务产业发展白皮书》显示，2020 年中国卫星导航与位置服务产业总体产值达 4033 亿元人民币，北斗系统广泛进入人们的生产生活，产业蓬勃发展。

作为全球性公共资源，卫星导航系统的多系统兼容与互操作已成为发展趋势。中国始终秉持和践行"中国的北斗，世界的北斗"的发展理念，服务"一带一路"建设发展，积极推进北斗系统国际合作。截至 2021 年年底，全球范围内已经有 137 个国家与北斗卫星导航系统签下了合作协议。《2021 中国的航天》白皮

---

① 中华人民共和国国务院新闻办公室：《中国北斗卫星导航系统》，载《人民日报》，2016-06-17。

② 国家发展改革委高技术司：《国家发展改革委高技术司主要负责同志就推动"十四五"北斗产业发展答记者问》，2022-04-06，https://www.ndrc.gov.cn/xwdt/xwfb/202204/t20220406_1321639.html?code=&state=123，2022-04-22 访问。

书指出，2016年以来，北斗系统国际合作取得丰硕成果：在兼容与互操作、监测评估、联合应用等领域，中国北斗卫星导航系统与美国全球定位系统、俄罗斯格罗纳斯系统、欧洲伽利略系统协调发展，合作不断深化；在国际标准化方面，北斗卫星导航标准相继进入民航、海事、国际搜救、移动通信、电工委员会等多个国际组织标准体系；在全球服务方面，中国与阿盟、非盟分别建立北斗合作论坛机制，建立中阿北斗/GNSS中心、中国-东盟北斗/GNSS(南宁)中心等北斗中心，与巴基斯坦、阿根廷、沙特阿拉伯、南非、阿尔及利亚、泰国等国家开展卫星导航合作；在人才与学术交流方面，中国举办了北斗规模应用国际峰会等。

截至2020年年底，北斗已向"一带一路"沿线国家和地区亿级以上用户提供有关于国土测绘、精准农业、数字施工、智慧港口等方面的服务，相关产品出口120余个国家和地区，基于北斗的国土测绘、精准农业、数字施工、智慧港口等已在东盟、南亚、东欧、西亚、非洲成功应用。

"一带一路"地域广泛，涉及国家和人口众多，对于卫星导航系统的应用具有广泛的需求。同时，北斗产品、技术和服务因其性价比高、独有的短报文功能等多方面综合优势，在共建"一带一路"国家和地区应用空间巨大。例如，阿拉伯和非洲国家利用北斗系统位置服务，可以精准灌溉、用无人机采集农业数据、布设农业传感器，形成智慧农业系统，大大提高了农作物的耕种收割等方面的效率。在基础设施建设领域，2021 年 10 月 8 日，首个基于北斗技术的大坝变形监测系统在塔吉克斯坦的萨雷兹湖大坝上建成并正式投入使用，可提供实时毫米级变形监测服务，为保障萨雷兹湖大坝安全和中亚地区人民生活安宁发挥作用。这也标志着中塔国际减灾防灾合作和北斗"一带一路"国际应用取得实质性成效。① 同样，在智慧交通领域，哈萨克斯坦基于北斗系统提供的大地测量数据进行空间地理项目的研发，创建了哈萨克斯坦的铁路数字化项目。

不仅如此，北斗系统缩小了共建"一带一路"国家与发达国家之间的数字鸿沟。伴随着信息技术创新的新浪潮和智慧城市、物联网等新技术的发展，北斗系统为发展中国家实现城市治理、改善人民生活等创造了条件。以东南亚为例，北斗系统成为政府基础设施建设的重要技术手段，泰国、印度尼西亚、马来西亚等国广泛应用其探索智慧城市建设。②

此外，中国就北斗卫星导航系统与多国建立合作机制。成功举办三届中阿北斗合作论坛，建立起中阿卫星导航领域高端合作论坛并确立长效机制。2018 年在突尼斯落成运行的北斗系统首个海外中

① 白浩然、张行勇：《"北斗"实时毫米级千里眼 保障萨雷兹湖大坝安全》，载《中国科学报》，2021-10-11。
② 王晓波、杨欣、齐晓君、新宇、周辐、孙广：《共享成果 共促发展——中国北斗走向世界舞台》，载《人民日报》，2020-08-02。

心——中阿北斗/GNSS 中心,已成为全面展示北斗系统应用成果、推动北斗系统在阿拉伯和非洲国家应用与合作的重要平台。目前,在阿拉伯国家上空可观测到 8 颗以上北斗卫星,定位精度优于 10 米,可用性超过 95%,可为阿拉伯国家提供高质量的卫星导航服务。中国与阿根廷建立卫星导航领域常态化合作机制,2020 年,中国与阿根廷签署卫星导航合作谅解备忘录,这是中国在南美地区签署的首个卫星导航领域合作协议,中阿双方将在卫星导航联合应用、测试评估、教育培训、北斗中心建设等方面开展合作。

四、"数字丝路"国际科学计划

"数字丝路"国际科学计划(DBAR)是由中国科学家倡议发起,48 个国家、国际组织和国际计划参与的大型国际研究计划,涵盖范围包括"一带一路"所有地区,旨在通过分享数据、经验、技术和知识,实现地球大数据在"一带一路"可持续发展目标中的科学服务。

DBAR 从 2016 年开始持续开展 3 期 10 年的研究,目前已在环境变化、自然灾害、世界遗产、水资源、农业与粮食安全、海洋与海岸带、城市环境、高山和寒带等领域开展了地球大数据技术与应用研究和创新合作(详见表 3-1)。DBAR 通过建设地球大数据平台，发展"一带一路"空间信息应用系统与科学模式，为"一带一路"建设提供科学、开放、合作的信息决策支持，成为支撑和解决区域及全球可持续发展问题的一个创新实践，得到了共建"一带一路"国家和国际组织的广泛认可与支持。截至 2018 年年底，DBAR 得到了 26 个国家和国际组织的支持和参与，成立了环境变化等 7 个国际工作组和城市化等 2 个国际任务组，在亚洲的巴基斯坦、泰国，欧洲的芬兰、意大利、俄罗斯，非洲的摩洛哥、赞比亚和北美的美国设立了共 8 个国际卓越中心。

表 3-1　DBAR①

阶段	时间	内容
第一阶段	2016—2018 年	主要明确 DBAR 的愿景、目标、重点研究领域，建设地球大数据平台，建设工作组、任务组和国际卓越中心，形成国际研究网络，使"一带一路"沿线区域受益
第二阶段	2019—2022 年	利用在第一阶段建立的伙伴关系和科技资源，启动 DBAR 重点研究项目，开展地球大数据在丝绸之路经济带、海上丝绸之路的科学服务
第三阶段	2023—2026 年	总结已有的科学突破和贡献，践行联合国可持续发展目标（SDGs），全面建成"一带一路"地球大数据平台，实现科学目标

　　DBAR 为推进联合国 2030 年可持续发展议程作贡献。2018

---

　　① 郭华东、刘洁、陈方、梁栋：《"数字丝路"国际科学计划（一期）进展》，载《中国科学院院刊》，2018，33（2）。

年 1 月，中国科学院院士、中国科学院遥感与数字地球研究所研究员、DBAR 主席郭华东在《自然》杂志发表"构建数字丝路"评论文章，呼吁全球自然科学与社会科学工作者充分利用地球大数据共建"数字丝路"，服务"一带一路"可持续发展。[①] 这是《自然》杂志首次就"一带一路"议题刊发中国科学家文章，反映了国际科技界对"一带一路"倡议的认可。2021 年 9 月，第五届"数字丝路"国际会议（DBAR 2021）以"数字丝路国际伙伴关系"为主题，围绕环境变化与可持续发展、科学数据推动"一带一路"建设、农业与粮食安全、海岸带与海洋管理及可持续发展、数字遗产可持续发展、地球大数据支撑减灾与可持续发展、全球变化下的水资源安全与高效利用、地球大数据与可持续城市、地球大数据支撑高亚洲及北极地区可持续发展等 9 个主题开展了 62 场口头报告和 27 个墙报交流。[②]

自提出以来，DBAR 已取得初步成果。一方面，DBAR 通过地球大数据支撑"一带一路"可持续发展目标评估路线图。2019 年 9 月，中国政府参加第 74 届联合国大会和 2030 可持续发展目标峰会时均将中科院组织编写的《地球大数据支撑可持续

① Guo Huadong. Steps to the Digital Silk Road. *Nature*，554（1 February 2018）.

② 中国科学院空天信息创新研究院：《第五届"数字丝路"国际会议在京召开》，2021-09-10，http://aircas. cas. cn/dtxw/hzjl/202109/t20210910_6200124. html，2022-05-10 访问。

发展目标报告》列为参会正式文件之一。此外,《第六次联合国全球环境展望报告》和《联合国 2019 年减少灾害风险全球评估报告》分别将"一带一路"环境成果和减灾成果纳入其中。另一方面,DBAR 提出了地球大数据开展"一带一路"研究的科学范式,包括"一带一路"资源环境评估方法体系、"数字丝路"地球大数据系统 2.0、"一带一路"可持续发展目标评估支撑模式,其中,"数字丝路"地球大数据系统 2.0 可提供包括 10.3 万余景影像数据的在线共享服务。①

---

① 《"数字丝路"国际科学计划成果显著"朋友圈"不断扩大》,中国新闻网. 2019-12-17, https://www.chinanews.com.cn/sh/2019/12/17/9036274.shtml, 2022-05-10 访问。

第四章 | 疫情后共建"一带一路"国家的数字联通

新冠疫情发生以来，数字联通（Digital Connectivity）的重要价值凸显。本章通过对全球主流媒体、智库、国际组织和行业协会的新闻、文章和报告的整理分析，发现数字"一带一路"被普遍认为将成为"一带一路"倡议在亚非拉地区的发展中国家中的推进重点，因此，广大发展中国家的数字联通情况是当前值得关注和研究的关键问题。本章基于2020年1月以来疫情与数字联通相关的22篇报告，归纳了疫情下共建"一带一路"国家的数字联通重要意义的具体表现、发展情况及疫情以来的发展趋势。本章特别聚焦5G建设，主要采用人工追踪的方法,梳理了自疫情发生以来 5G 建设取得重要进展的 26 个共建"一带一路"国家的具体情况,并选取了亚非拉国家中越南、泰国、南非和巴西四个 5G 建设代表性国家作为典型案例。

　　本章所关注的数字联通包括数字基建(例如光纤、数据中心等),数字运营商(例如移动和固网运营商、云计算运营商等),数字应用(例如电子商务、电话会议、视频平台等)。

一、疫情凸显数字联通重要性

　　随着疫情的发展,数字联通的重要意义日益突出,尤其是数字"一带一路"被外界广泛认为是"一带一路"未来走向的重要抓手。因此,了解这些国家在疫情下的数字联通的现状和发展趋势很有必要。目前,亚非拉发展中国家的财政严重受压,而信息通信等数字基建相对于大型交通、能源项目等传统基建项目优势明显:建设成本更低,更容易建造和实现盈利,从而风险更低,对投资者也更有吸引力。例如,在巴基斯坦,铺设一条 820 千米长的光纤只需要 4400 万美元,比铺设 4 千米长的铁路投入更少。同时,数字基建需要的工人更少,对当地社会造成更少的影响,在目前的错综复杂国际环境下,数字基建项目比传统的大型基建项目更为合适。同时，疫情也凸显了数字联通的极端重要性。疫情后，数字联通不能再仅仅从信息产业发展的角度来理解，而必须认识到疫情加速了数字转型，将对整个社会和各国的经济、社会发展造成根本性的影响。数字联通已经成为维持个人、政府和企业持续运作的生命线。因此，数字"一带一路"应当成为"一带一路"的重点领域，而数字联通在数字"一带一路"中占据核心地位。

世界银行下属的国际金融公司 2020 年 5 月的报告表示，疫情使得数字联通的需求不断上升。根据爱立信的一项全球调查，74％的受访者表示他们的上网时间显著增加，使用有线宽带和4G 移动网络的受访者的日均在线时间分别增加了 2.5 小时和 1小时。南非的西印度洋电缆公司（WIOCC）就表示该公司有些线路的流量因疫情而翻倍。网络公司 Sandvine 的数据显示，疫情期间视频、游戏以及社交活动使用了 80％的网络流量，You-Tube 和 Netflix 的流量分别占全球网络流量的 15％和 11％。2020 年 2 月到 4 月，全球网络流量增长了 40％，其中上传流量增长了 121％，下载流量增长了 23％。

面对疫情导致的网络需求急剧上升，不同的国家采取了不同的应对措施。世界银行 2020 年 5 月分析了 30 个高收入国家和 53 个中低收入国家在数字联通方面应对疫情的政策，发现有70％的政策是用来保障网络的可获得性（价格、速度以及容量等），其他的政策涉及网络频谱（13％）、流量管理（9％）、网络扩容（5％）、减少或暂止管理费用（2％）、对运营商的支持等（1％）。面对疫情威胁，大多数国家在数字服务领域首要关注的是医疗卫生行业（48％），涉及内容有：远程医疗等健康服务的网络连接（7％）、公共卫生信息的发布（27％）、病毒感染和追踪工具（14％）等；第二个重点领域是在线教育（29％），包括免费或优惠价格的网络流量、学习设备的免费提供等；第三个重点领域是数字交易和移动支付（15％），促进无现金交易以及政府对个人的社会保障性质的转移支付；第四个重点领域是远程工作（8％），例如，免费的线上会议平台等。在亚非拉发展中国家中，沙特、约旦、突尼斯、南非等国的政府给网络运营商提供额外的网络频谱来提升网络覆盖率和容量；印度的各网络运营商则同意共享网络资源，这样用户可漫游到其他运营商网络来获得不间断的网络服务；巴西电信管理局与各电信运营商签署协议，保证国内网络的正常运转，特别是为公共卫生和安全等公共服务提供优先网络服务；埃及、巴勒斯坦等国允许用户先使用后付费；黎巴嫩、巴林、伊拉克等国提供免费的网络带宽升级。

二、共建"一带一路"国家数字联通对经济复苏的影响

全球的数字发展最大特点是不均衡。在过去五年中，移动

宽带网络新增覆盖了近 10 亿人口。未来五年中，又将有 12 亿人开始使用移动互联网，这会使全球移动互联网用户总数达到 50 亿（超过 60％的人口）。但是东北亚和欧美等数字联通发达地区和亚非拉发展中国家间有着明显的数字鸿沟，例如 2019 年，北美和大中华地区的 4G 市场份额皆为 83％，预计 2025 年的 5G 市场份额接近 50％，而撒哈拉以南非洲 4G 的市场份额在 2019 年为 10％，预计到 2025 年也仅有 27％，5G 的市场份额更是不到 5％。（见表 4-1）

表 4-1　全球各区域 4G 及 5G 市场（预计）份额

地区	2019 年 4G 市场份额（％）	2025 年 4G 市场份额（％）	2025 年 5G 市场份额（％）
亚太（不含大中华地区）	48	68	11
独联体地区	33	68	12
欧洲	58	59	34
大中华地区	83	53	47
拉丁美洲	47	67	7
中东北非	29	48	6
北美	83	45	48
撒哈拉以南非洲	10	27	3

全球数字鸿沟对共建"一带一路"国家疫情后经济复苏产生的影响主要体现在：

全球数字鸿沟对共建"一带一路"国家疫情后的经济复苏有重大不利影响。数字鸿沟会制约数字联通作用的最大化。例如，不完善的数字基建会大大减少本可以远程完成的工作。一项基于阿根廷劳动力市场的研究显示，疫情期间，整体上27%～29%的工作可以在家完成，但是受到有效的数字联通因素限制（例如家庭需要有电脑和网络），预计实际只有18%的工作能在家完成。[①] 根据全球移动通信系统协会（GSMA）的报告，移动技术具有明显的经济效益。2019年，移动技术和服务在全球范围内创造了4.1万亿美元的经济增加值（占全球GDP的4.7%）。到2024年，这一数字将接近5万亿美元（占全球GDP的4.9%），各国将越来越获益于移动服务的普及带来的生产力和效率的提高。预计2024年至2034年，5G技术将为全球经济贡献2.2万亿美元。有研究显示，在过去三十年，每1美元投入到电子技术中，平均能为GDP增加20美元，投入产出比为20，而非电子技术类的投入产出比只有1～3不等。同时拥有更好数字基建的国家可能大幅降低疫情防控措施所造成的经济损失，疫情后的经济复苏预计会更为顺利。

---

① Ramiro Albrieu, *Evaluando las oportunidades y los límites del teletrabajo en Argentina en tiempos del COVID-19*, Center for the Implementation of Public Policies for Equity and Growth（April 2020）.

三、疫情后共建"一带一路"国家的数字联通现状——以 5G 建设为例

5G 是未来数字联通的关键领域。一方面，5G 是实现未来数字应用的基本条件；另一方面，5G 建设离不开数字运营商的支持和数字基建的完善，而全球的 5G 行业在过去数年得以迅速发展。4G 虽然在 2019 年成为全球最主流的移动技术，占全球市场份额的 52%，并且到 2025 年市场份额最高可达 56%，但 5G 在部分地区也有相当迅速的发展，截至 2020 年 6 月，已经有 39 个国家或地区的 87 家运营商开始提供 5G 商用服务，还有 84 家运营商计划提供 5G 服务。到 2025 年，5G 预计将占全球份额的 20%，其中亚洲、北美和欧洲发达国家的 5G 普及率会最高。预计全球运营商将在 2020 年至 2025 年投资约 1.1 万亿美元，其中约 80% 将用于 5G 网络建设。[①] 考虑到疫情带来的长期影响，爱立信在 2020 年 6 月上调了对 2025 年 5G 用户数的预期，从 26 亿上调到 28 亿，届时 5G 的全球市场份额将达 29%。该公司还表示，围绕 5G 的研究大大提升了其全球市场地位，因此爱立信会加大对 5G 的研发投入，以回应强烈的市场需求。全

---

① GSMA，*The Mobile Economy.*

球著名的 IT 业咨询公司高德纳在 2020 年 7 月发布的报告称，预计 2020 年全球 5G 基础设施的投入将为 2019 年 41 亿美元的两倍，达到 81 亿美元，占无线网络基础设施总投入的 21.3%。

对于共建"一带一路"国家来说，5G 建设面临严峻挑战，但也有不小的机遇。一方面，疫情严重冲击了各国财政，共建"一带一路"国家更是要面对紧迫的债务压力和国外投资的减少；另一方面，疫情凸显了网络服务、数字基建的重要性，远程办公、线上教学、居家娱乐、社交分享、疫情追踪等需求使得各国不得不重视网络基础设施的建设，这正是加速 4G 和 5G 网络建设和运行的机会。基于中长期的需求增长和疫情后数字联通的重要价值，共建"一带一路"国家的数字基建领域依然可能吸引投资。一些亚洲的国家，已经加快了 5G 的建设，拉丁美洲国家的 5G 进展较为缓慢，非洲国家的 5G 建设则还在起步阶段（疫情出现以来部分共建"一带一路"国家的 5G 进展详见本章附录）。下面就疫情期间亚非拉三个地区的四个国家越南、泰国、南非和巴西的 5G 建设典型案例以及共建"一带一路"国家的数字联通机遇进行分析。

（一）亚洲地区

亚洲的数字基建现状最为多元，既有 5G 技术的领跑者中国、韩国等国，也有最为落后的国家，例如阿富汗。西亚国家的 5G 发展较快，2019 年年底，已经共有 10 家运营商在巴林、科威特、卡塔尔、沙特和阿联酋五国提供商用 5G 服务。其中沙特早在 2018 年就成立了国家 5G 特别任务组（National 5G Task Force）来准备 5G 相关政策。根据沙特通信和信息技术部的说法，截至 2020 年 2 月，沙特 30 个城市共建设了近 6000 个 5G 信号塔，部署了全球第三大 5G 网络。根据测试机构 Open Signal 2020 年 8 月的报告，沙特 5G 的下载速度远超加拿大、韩国等发达国家和地区。在南亚地区的孟加拉国、印度、印度尼西亚、巴基斯坦等国，4G 依然有庞大的发展空间，5G 的发展需要更长的时间，因为从应用和价格来看，4G 已经可以满足这些国家消费者的需求，目前他们对 5G 的需求并不大。例如，2019 年，印度的 3G 市场份额为 33%，4G 为 56%，预计 2025 年，4G 的份额会上升到 82%，而 5G 份额只有 7%。在东南亚的共建"一带一路"国家中，越南、泰国和马来西亚的 5G 发展比较迅速。

越南政府希望借助工业 4.0 的浪潮来推动经济发展，而 5G 是其中的关键。越南政府在 2020 年 6 月通过了《至 2025 年国家数字化转型计划及 2030 年发展方向》，该计划旨在发展数字政府、数字经济、数字社会，并促进越南建立具备全球能力的数字技术企业。根据该文件，越南 2025 年的目标是数字经济占国内生产总值的 20%（目前为 8%）；每个行业、领域的数字化比重至少达 10%；越南到 2030 年将普及光纤宽带和 5G 移动网络服务。越南信息和通信部称，5G 网络发展是越南升级数字基础设施、为国家数字化转型服务的关键方向之一，超宽带和云计算都是最重要的新型电信基础设施。根据该部的计划，该国将在 2020 年 10 月使用国产设备推广商用 5G 网络。早在 2020 年 5 月，越南电信商 Viettel 首次开通了 5G 网络测试，越南成为共建"一带一路"国家中最早一批测试 5G 网络的国家之一。同时，越南信息和通信部还向其他运营商签发了 5G 网络测试的许可证，会在更多区域进行 5G 网络测试。值得注意的是，目前越南的三大运营商中，Viettel 和诺基亚与爱立信、Mobifone 和三星、Vinaphone 和诺基亚展开了合作，都没有选择与华为合作。

泰国正试图成为东南亚地区的数据中心。在过去几年，泰国的移动通信增长迅速，泰国在 5G 网络方面也加快了脚步。泰国目前有 3 家移动运营商，均完成了 5G 商用的测试工作。泰国 5G 网络首批覆盖的地区包括首都大经济圈（曼谷及周边地区）、清迈和普吉等地，各主要国际机场也都实现了 5G 网络覆盖。根据泰国政府计划，2023 年要正式全面展开 5G 商用，到 2027 年 5G 网络要覆盖泰国 98％的人口。疫情大大增加了对电信服务的需求，加速了泰国的 5G 建设和商用进程。2020 年 5 月，泰国成立了以总理为主席、关键部门首长为成员的国家 5G 委员会，来协调推进泰国的 5G 发展。泰国数字经济与社会部部长表示，5G 技术在公共卫生中的运用展示了数字基建对民众健康的重要影响。运营商 AIS 是东盟国家中第一个开始 5G 商业服务的移动运营商，该公司在泰国 158 家医院设立了 5G 网络，帮助医院开展远程医疗服务以减少医生和病人的直接接触。泰国的第二大电信运营商 True More 也为一些医院搭建了 5G 网络。同时，这两家公司的 5G 网络还覆盖了部分大型商场、金融中心和旅游景区，并为一些家庭提供了 5G 网络以便利远程办公。

(二)非洲地区

非洲的数字联通现状较为落后。根据国际金融公司 2020 年 5 月的报告，在超过 10 亿人口的非洲，只有 2.94 亿人获得了互联网服务。在非洲撒哈拉以南地区，2019 年年底有 4.47 亿的移动电话用户，占该地区人口的 45%，在 2021 年移动电话用户超过 5 亿，而受益于廉价智能手机，预计在 2025 年撒哈拉以南非洲的智能手机用户将近 7 亿，其中尼日利亚(1.54 亿用户)、南非(0.73 亿用户)和肯尼亚(0.47 亿用户)会是前三大市场。南非是第一个实现 5G 服务的非洲国家，加蓬、肯尼亚、尼日利亚、乌干达也开始了 5G 测试。不过目前非洲的主要目标还是提高 4G 覆盖率，预计到 2025 年，2G、3G、4G 和 5G 在撒哈拉以南非洲的市场份额分别为 12%、58%、27% 和 3%，在北非地区的市场份额分别为 6％、31％、57％和 6％。^① 预计在 2019—2025 年，各运营商会投入 520 亿美元建设电信基础设施。

　　南非的 5G 服务是非洲各国中发展最快的。南非网络运营商 Ramn 与华为合作，在 2019 年年底就以固定无线接入的形式开始为该国提供 5G 服务，在 2020 年 5 月和 6 月，Vodacom 和 MTN 两家运营商也开始提供 5G 服务，使得南非成为非洲第一个提供移动 5G 服务的国家。预计到 2025 年，该国 10％的人口会使用 5G 服务。疫情实际上加速了南非 5G 的建设和推广。远程工作和学习、居家娱乐使得对网络服务的需求大大增加，例如，在疫情封城期间，Vodacom 移动网络的流量增加了 40％，而固定网络的流量激增了 250％。因此南非政府不得不暂时增加了一些额外的频谱，分配给网络运营商来应对网络堵塞，这也是南非的运营商能迅速提供 5G 服务的一个原因。不过也有意见认为南非的 5G 推广得太快，脱离了目前的需求。对于普通南非人而言，5G 手机价格昂贵，5G 网络的费用也难以负担。南非目前需要的是更全面更便宜的网络覆盖，而不是更快的网络速度。南非在 1992 年引入了 2G 网络，到 2019 年，南非依然有三分之一的设备在使用 2G 网络，以至于运营商还需要继续维持 2G 网络的运作。

---

　　① 该数据不包括西撒哈拉、苏丹和索马里，详见 GSMA, *The Mobile Economy*：*Middle East & North Africa*。

（三）拉丁美洲地区

拉丁美洲地区正在向数字社会缓慢转型。预计到 2025 年，2G、3G、4G 和 5G 的市场份额分别为 5％、21％、67％和 7％。2018—2025 年，投入非 5G 通信基建的资金预计为 663 亿美元，而投入 5G 的资金为 603 亿美元，不过 2022 年以后，对 5G 的投入会占主导地位。

巴西是拉丁美洲地区移动网络发展最好的国家，预计在 2025 年 4G 和 5G 的市场份额分别将达 87％和 11％。巴西同时也是连接美国、加勒比地区、中南美洲和非洲的海底光缆的重要节点国家。2020 年 7 月，运营商 Claro 与爱立信合作在圣保罗和里约启动了 5G 网络服务，巴西因此成为拉丁美洲第一个启动 5G 网络的国家，该国其他两家运营商 Telefonica 和 TIM 也各自于 7 月和 9 月在巴西的部分地区启动 5G 网络服务。目前巴西的 5G 建设面临政治上的挑战，也就是如何处理华为的问题。TIM 过去使用的设备来自华为、爱立信和诺基亚，不过已经决定不再使用华为设备。2020 年 7 月，美国驻巴西大使就警告说，巴西不应当使用华为设备来建设 5G 网络，还表示可以资助巴西购买爱立信和诺基亚的设备。9 月初，美国国务院官员还在巴西的报纸上发文，鼓励巴西加入美国发起的“清洁网络”计划。不过疫情使巴西与中国的紧密经贸关系进一步加深，这使得巴西要拒绝华为产品变得很不容易。2020 年前 6 个月，对中国的出口占巴西总出口额的 33.7%，因此中国超过阿根廷，成了巴西第一大贸易伙伴。主要原因是巴西工业产品原来的出口目的地国家需求疲软，而中国对巴西大宗商品的需求还在上升。华为在巴西市场深耕多年，因此近期巴西高层官员一直坚持说，2021 年年初的网络频谱竞标不会把华为排除在外，该竞标原计划在 2020 年 5 月举行，后因疫情延期。

四、数字联通新机遇

可以看到，疫情加深了各共建"一带一路"国家间和内部的数字鸿沟。共建"一带一路"国家的网络用户更多地依赖移动网络，而移动网络更有可能遇到网络速度下降、延迟上升的情况。长期来看，数字连接的缺失可能会造成各种经济损失，包括失业和商业环境恶化带来的收入和生产效率下降。更为重要的是疫情削弱了共建"一带一路"国家获得建设资金的能力。但疫情也给共建"一带一路"国家带来了发展数字联通的机会。各方应当意识到，数字联通不单是疫情期间维持社会正常运转的基础性保障，还是疫情后经济复苏乃至转型升级的必要条件。

其一，疫情凸显了数字联通的基础性地位，政府的公共政策必须鼓励生产部门和家庭的数字转型。疫情对企业，特别是以往数字化程度不高的企业来说，是一个数字化转型的催化剂，预计疫情后自动化生产的程度会加深。同时，疫情下远程工作的潜在生产力和实现的生产力是有一定差距的，应进一步完善数字联通，保证远程工作的生产力能够得到充分的发挥。政府要向民众更好地普及数字联通的相关知识，提升相关技能。例如，泰国的数字经济与社会部设立了基金和补贴来为中小企业、电子商务从业者和农民提供数字技术和创新的咨询服务，并鼓励他们扩大网上平台的销售。

其二，受疫情影响，数字行业企业开发了更多商业应用模式，数字领域有新的发展空间。爱立信调查了11个国家共1.15万名受访者，他们认为未来数字领域有5大趋势：第一，四分之三的受访者重视网络可靠性，认为网络连接不但是这次危机，而且也是未来危机中最为关键的因素；第二，无接触的商业模式会获得更大发展，例如，无人机或者无人驾驶汽车送货等；第三，远程办公会成为新常态，成为基本的商业模式；第四，越来越多的人会使用即时的在线医疗咨询服务；第五，虚拟体验经济会有大发展，人们在隔离期间的娱乐、教育和交友需求更需要得到满足，而这些将来可以结合虚拟现实和人工智能来实现。以远程医疗为例，该行业预计在疫情后会得到更充分的发展。疫情前，全球的远程医疗行业预计在2025年之前年增长率会达到15%，疫情后，预计年增长率会加速19.3%，整个行业总价值可达1755亿美元。原来很少有保险公司会覆盖远程医疗的费用，而这种情况已经有了改变。一些共建"一带一路"国家的企业也在积极开拓远程医疗市场。例如，印度一公司推出了居家采集检测样本的业务，墨西哥一公司开发了居家检测血糖水平的软件，巴西一公司运用人工智能机器人来进行新冠病毒相关的教育等。

其三，政府的公共政策对数字联通更加支持，政府更积极运用数字技术。例如，在疫情期间，埃及通信与信息技术部与卫生部合作，为偏远地区的医院提供远程医疗支持，并为偏远地区的医护人员提供一定额度的免费通话和流量服务。该部与教育部门合作，提供免费的线上教育，并免费提升了下载流量的限额。该部还与各个组织合作，开设了相关网络平台帮助中小企业数字转型和培训青年人的职业技能。一项基于拉丁美洲国家的研究发现，数字政务表现较好的国家，也进行了更多的新冠病毒的检测。另一个例子是肯尼亚政府 2020 年 3 月与科技巨头 Alphabet 旗下的 Loon 公司签订了协议，后者将用太阳能驱动的热气球为肯尼亚提供网络服务。2020 年 7 月项目开始正式运行，初期该项目能将当地运营商 Telkom 的 4G 网络覆盖到肯尼亚约 5 万平方千米的偏远地区。

其四，国际发展金融援助等方式可以更好地帮助共建"一带一路"国家升级数字基建，包括发展 5G 技术来增强整个国家的抵御风险能力。在 2020 年 6 月国际电信联盟（ITU）举办的关于疫情和数字经济的会议上，有专家表示目前政府应当逆周期投资来缩小数字鸿沟，但也有专家认为，疫情下电信行业受损相对较小，公共资金应用来援助受损严重的行业。同时，共建"一带一路"国家，包括许多债务沉重的非洲国家，可能没有多少资金能投入数字基建中。不过考虑到数字联通的基础性作用，国际援助、贷款还是会优先考虑数字联通项目。例如，国际金融公司 2020 年 8 月就为非洲的西印度洋电缆公司提供了两千万美元的运作资金，而在 2020 年 5 月，该公司还和脸书、中国移动、南非的 MTN、埃及电信以及英法等国的伙伴共同启动了 2Africa 项目，准备在非洲大陆沿岸铺设 37000 千米长的海底电缆，连接起 23 个非洲、中东和欧洲国家。该项目规划的非洲新增网络容量将为目前非洲所有海底电缆的网络容量总和的近三倍。毫无疑问，共建"一带一路"国家建设 5G 等数字联通项目面临的最大挑战是高昂的建设成本。除了贷款外，可行的解决方案还有网络运营商共享基础设施，这样可以有效降低基站、光纤、管道等成本。政府还可通过税收等政策来鼓励运营商的投资，同时通过 5G 频谱竞标获得资金，再投入 5G 项目中。另外，各国还应借助国际组织的专业知识，制订本国的 5G 发展国家计划，这样才能更好地管理 5G 议题，完善 5G 应用，引入私人投资，创造更好的 5G 市场环境。

2020 年 3 月，全球移动通信系统协会分析了中国、芬兰、韩国、沙特和德国的 5G 建设最佳实践政策，认为在为 5G 发展创造更好的市场环境方面，各国可以有以下政策：第一，以合理的价格为移动运营商分配更多 5G 专有频谱，当运营商满足一定的 5G 部署条件后，可减免相关的频谱费用；第二，降低行业税收和加大税收优惠力度以促进 5G 投资；第三，政府应制订清晰的 5G 发展国家计划，包括短、中、长期的发展目标；第四，政府应制定鼓励创新和合作的跨产业政策；第五，政府应促进公共基础设施的共享来便利运营商的 5G 部署。

对于中国的数字企业在亚非拉国家的发展，一些学者和观察人士认为，中美关系紧张会对它们的海外发展有不可忽视的负面影响，不过凭借价格优势，这些企业依然会受到不少国家的欢迎。例如，华为提供了非洲地区 70% 的 4G 基站，爱立信和诺基亚的产品都较华为昂贵，因此非洲向 5G 升级的过程中，不可能完全排除华为。不过需要对中国的数字企业的海外风险保持着高度的关注，特别是在美国 2020 年 4 月开始启动"清洁网络"项目后。虽然目前加入该计划的一些运营商基本来自发达国家，但是共建"一带一路"国家及它们的运营商无疑也会受到影响。

附录 2020 年亚非拉地区"一带一路"国家 5G 建设的重要事件

地区	国家	时间	事件
亚洲	塔吉克斯坦	2 月	运营商 Megafon 与华为合作,在首都开通第一个 5G 站点
		8 月	运营商 Tcell 开始在首都提供 5G 服务
	不丹	3 月	该国通信与媒体局公布了 5G 发展的管理框架,提出在 2022 年启动 5G 的商业服务,在 2024 年广泛铺开
	斯里兰卡	7 月	运营商 Dialog Axiata 允许用户体验 5G 网络
	泰国	2 月	该国进行了 5G 频谱竞拍,共获得 32 亿美元,远超预期
		2 月	AIS 开始提供 5G 服务,目前已覆盖该国 70 余个省份
		3 月	运营商 True More 是第二家提供 5G 服务的运营商
		4 月	运营商 True More 选择爱立信为 5G 设备供应商
		5 月	该国成立以总理为主席的国家 5G 委员会来协调促进 5G 发展
		7 月	运营商 True More 选择中兴为 5G 设备供应商
		7 月	运营商 DTAC 选择诺基亚为 5G 设备供应商
	印度	2 月	Cavli Wireless 宣布在 2020 年第三季度推出该国首个 Sub－6GHz 频段的 5G 测试网络
		7 月	印度运营商开始申请基于爱立信、诺基亚或自有技术进行 5G 测试
		8 月	据彭博社报道华为可能会被排除在印度 5G 网络建设外
		9 月	电信部长表示无计划将华为或者中兴排除在 5G 网络建设外
		9 月	印度运营商表示不希望印度采用全球 5G 标准,而不是自身标准
	菲律宾	6 月	运营商 Globe Telecom 计划近期启动 5G 服务
		7 月	运营商 Smart 在马尼拉商业区启动了 5G 服务
	越南	5 月	该国最大运营商 Viettel 开始了 5G 测试
	卡塔尔	7 月	运营商 Ooredoo 与诺基亚合作,启动了 5G 的核心网络

续表

地区	国家	时间	事件
亚洲	伊朗	7 月	该国宣布成功完成了 5G 网络测试
	阿曼	2 月	该国许可华为向其提供 5G 设备
		7 月	运营商 Omantel 选择爱立信作为 5G 合作方
	沙特	3 月	运营商 Mobily 选择诺基亚作为 5G 合作方
		7 月	运营商 Zain KSA 的 5G 网络覆盖到该国全境
	科威特	8 月	运营商 STC 与华为成功测试了 5G 网络
	巴林	6 月	运营商 Zain Bahrain 与爱立信合作启动了 5G 商用服务
	菲律宾	7 月	运营商 Smart 在部分商业中心提供 5G 服务
	马来西亚	2 月	马来西亚通信部部长表示会按照本国的安全标准决定哪家公司可以参与 5G 建设
		4 月	运营商 TM 在少数地区投放了固定无线接入 5G 站点供测试
		7 月	运营商 Celcom 计划在数月内启动 5G 服务
		9—12 月	运营商 Umobile 在个别区域进行 5G 网络测试
	阿联酋	9 月	运营商 Etisalat 为家庭用户提供固定无线接入 5G 服务
非洲	南非	5 月	运营商 Vodacom 在该国约翰内斯堡、开普敦等地提供 5G 服务,成为非洲第一个移动 5G 网络
		6 月	运营商 MTN 在部分地区提供 5G 服务
	肯尼亚	2 月	该国最大运营商 Safaricom 表示考虑将 5G 合同授予华为
	马达加斯加	6 月	运营商 Telma 开始在部分地区提供 5G 服务
拉丁美洲	巴西	5 月	受疫情影响,巴西推迟规模最大的一次频谱竞标
		6 月	美国驻巴西大使表示愿意资助该国选择华为以外的 5G 设备供应商

续表

地区	国家	时间	事件
拉丁美洲	巴西	7月	运营商 Vivo 在巴西 8 个城市提供 5G 服务
		7月	运营商 Tim 在一次招标中排除华为产品
		7月	运营商 Claro 在巴西 2 个城市提供 5G 服务
		9月	运营商 Tim 在巴西 3 个城市提供 5G 服务
	智利	8月	该国准备开始 5G 频谱竞标
	哥伦比亚	6月	该国最大运营商 Moristar 在 2020 年进行 5G 测试，在 2020 年年底或 2021 年年初提供 5G 服务

数据搜集时间：2021 年 1 月

第五章

东南亚数字"一带一路"发展

东南亚地区围绕数字发展形成了一系列的政策文件和组织架构，各国的数字发展也非常迅速。东盟认为，实现数字化一体化可以发挥整个东盟地区的规模优势，提升全球经济中的竞争力，弥合区域内的数字鸿沟，实现包容性增长。受新冠疫情的刺激，东南亚各国在2020年以后加速了数字转型的步伐。2021年首次举行的东盟数字部长会议通过了《东盟数字总体规划2025》，强调了加速包容性数字转型以促进经济恢复的重要性，还对与中国、日本、美国、ITU等域外合作伙伴在数字领域的贡献表示认可并期待进一步的深化合作。

中国与东南亚各国的数字合作已有良好的基础，2020 年以来双方的合作更是进入了新阶段。2020 年是中国-东盟自贸区成立第十一年，东盟在该年首次成为并在 2021 年继续保持为中国第一大贸易伙伴，而中国已经连续 13 年是东盟的第一大贸易伙伴。2020 年也是中国-东盟数字经济合作年，双方共同发表了《中国-东盟关于建立数字经济合作伙伴关系的倡议》，提出要在疫情防控、数字基建、数字经济等方面加强合作。2022 年正式生效的《区域全面经济伙伴关系协定》（RCEP）将有力推动中国与东南亚国家的数字经济合作。准确把握中国与东南亚国家的数字合作，对于双方建设好《中国-东盟建立对话关系 30 周年纪念峰会联合声明》中提出的面向和平、安全、繁荣和可持续发展的全面战略伙伴关系有很重要的意义。

一、东南亚数字化发展现状

东南亚国家①的经济发展水平差异明显，既有属于发达国

---

① 本章所指的东南亚国家为缅甸、泰国、柬埔寨、老挝、越南、菲律宾、马来西亚、新加坡、文莱、印度尼西亚。

家的新加坡，也有属于最不发达国家的柬埔寨、缅甸和老挝。[①]
各国数字发展水平同样差异巨大。表5-1列举了6个由不同组织开
发的、有不同侧重点的评估全球数字发展水平的指数。第一个是经
济学人智库(Economist Intelligence Unit)的包容性网络指数(The In-
clusive Internet Index)，从网络的可获得性、可负担性、内容的本土
相关性、技能和政策的就绪性四个方面对120个经济体进行排名。
第二个是瑞士洛桑国际管理学院(IMD)从2017年开始发布的世
界数字竞争力排名(World Digital Competitiveness Ranking)，
从数字知识、数字技术的资本和框架、未来数字转型的就绪程
度对64个经济体的数字竞争力进行排名。第三个是印度科技公
司 Sterlite Technologies 联合美国智库 Portulans Institute 在
2021年发布的网络就绪指数(Network Readiness Index)，该指
数从技术水平、民众的技能和覆盖程度、治理框架、对社会的
影响四个方面对130个经济体进行评估。第四个和第五个都来
自美国塔夫斯大学与万事达卡公司合作发布的数字智能指
数(Digital Intelligence Index)，该指数下有数字现状和数字趋势
两个分指数，从数字化的供给状况、需求状况、制度环境和创新

---

① 本章所引用的发达地区数据来源于国际电信联盟数据库，但其从2022年
开始将取消发达地区和发展中地区的区分，原因是发达地区和发展中地区的名单
在1996年后再无更新，已经不能反映当前各地区的发展水平。例如，新加坡在
1996年名单中属于发展中地区，而在国际货币基金组织的界定中，新加坡早已属
于发达经济体，根据世界银行的界定，新加坡也早已是高收入经济体。本章从数
据可获得性考虑，依旧沿用发达地区和发展中地区的说法和数据。

生态四个方面来对 90 个经济体进行衡量。第六个是国际电信联盟的信息与通信技术发展指数（The ICT Development Index），该指数从信息通信技术的可获得性、覆盖率和使用技能三大方面来对 176 个经济体进行评估，不过该指数在 2017 年就没有进行更新了。[①]

表 5-1　东南亚各国在不同数字发展水平指数上的排名

	包容性网络指数（2021 年）	数字竞争力排名（2021 年）	网络就绪指数（2021 年）	数字智能指数—数字现状（2020 年）	数字智能指数—数字趋势（2020 年）	信息与通信技术发展指数（2017 年）
新加坡	12	5	7	1	25	18
马来西亚	42	27	38	26	14	63
泰国	49	38	54	48	44	78
越南	58	NA	63	60	5	108
印度尼西亚	66	53	66	58	3	111
菲律宾	68	58	83	64	52	101
缅甸	80	NA	NA	NA	NA	135
柬埔寨	83	NA	106	84	33	128
老挝	88	NA	110	86	72	139
文莱	NA	NA	NA	NA	NA	53
经济体总数	120	64	130	90	90	176

数据来源：作者根据 EIU（2021）、IMD（2021）、STL 和 PI（2021）、Bhaskar Chakravorti et al.（2020）和 ITU（2021）汇总

---

① 在 2017 年，该指数从 11 个指标扩展到 14 个指标，但面临一些数据难以获得、标准难以统一和质量不高的问题，国际电信联盟对于依然发布指数还是设计全新的指数没有作出决定。

　　虽然表 5-1 的各项指数侧重点不同，但是东南亚各国大体上可以分为三个发展水平，首先是数字发展水平远高于其他东南亚国家的新加坡，其在所有的指数中都位居世界前列。而马来西亚、泰国、越南、印度尼西亚、菲律宾和文莱则位于世界数字发展水平的中流阶段，其中马来西亚和泰国发展相对更好。缅甸、柬埔寨和老挝三个不发达国家也同样属于数字发展最为落后的国家。同时部分东南亚国家数字化的趋势非常迅速。本章将选取经济学人智库和 ITU 的两个指数中的部分指标，从数字服务的数量和质量两大方面来衡量东南亚各国数字发展的最新进展。衡量数字服务数量的指标包括网络渗透率、宽带用户数、人均带宽、4G 网络的覆盖率；衡量数字服务质量的指标包括宽带费用占国民收入的比重、掌握数字技能的人口比重和数字服务的性别与城乡鸿沟。

表 5-2　东南亚各国网络渗透率

	网民占总人口数百分比（%）		变化（%）
	2011 年	2020 年	
文莱	56.0	95.0	39.0
柬埔寨	3.1	32.9①	29.8
印度尼西亚	12.3	53.7	41.4
老挝	9.0	33.8	24.8
马来西亚	61.0	89.6	28.6
缅甸	1.0	35.1	34.1
菲律宾	29.0	49.8	20.8

续表

	网民占总人口数百分比(%)		变化(%)
	2011 年	2020 年	
新加坡	71.0	92.0	21.0
泰国	23.7	77.8	54.2
越南	35.1	70.3	35.2
东盟平均	30.1	63.0	32.9
发达地区	67.7	88.3	20.6
世界平均	30.9	59.1	28.2

数据来源：国际电信联盟数据 ITU(2022)

①2017 年数据

表 5-2 显示东南亚国家整体的网络渗透率在过去十年获得了显著的提升。2011 年到 2020 年，世界各国网民占总人口的比重平均增加了 28.2 个百分点，发达地区增加了 20.6 个百分点，而东南亚十国总体增加了 32.9 个百分点，其中泰国以 54.2 个百分点成为进步最大的国家。另外，东南亚各国的差异也非常明显，文莱、新加坡、马来西亚三国在 2020 年的网络渗透率已经高于发达地区的平均水平了，但是老挝、缅甸、柬埔寨三国则明显低于世界平均水平。值得注意的是，东南亚国家网民的上网时间普遍较长。根据《数字 2022：全球概览报告》(Digital 2022：Global Overview Report)，全球网民的日均上网时间为 6 小时 58 分，而时间最长的十个国家中，有四个东南亚国家，依次为：菲律宾、马来西亚、泰国和印度尼西亚，菲律宾网民的日均上网时间达到了 10

小时 27 分，印度尼西亚也达 8 小时 36 分。①

表 5-3　东南亚各国每百人固定和移动宽带用户数

	每百人固定宽带用户数		变化	每百人移动宽带用户数		变化
	2011 年	2020 年		2011 年	2020 年	
文莱	5.9	16.2	10.4	4.1	124.6	120.5
柬埔寨	0.2	1.4	1.2	2.2	98.8	96.6
印度尼西亚	1.1	4.3	3.2	21.9	104.2	82.3
老挝	0.1	1.8	1.7	0.6	45.0	44.4
马来西亚	8.7	10.4	1.6	11.0	120.0	109.0
缅甸	0.0①	1.3	1.2	0.0②	131.5	131.5
菲律宾	1.9	7.2	5.4	2.3③	64.3	62.0
新加坡	26.8	25.8	−0.9	112.4	144.3	31.9
泰国	5.8	16.4	10.7	1.0	90.3	89.3
越南	4.3	17.2	12.8	14.4	80.2	65.8
东盟平均	5.5	10.2	4.7	17.0	100.3	83.3
发达地区	25.2	34.6	9.4	57.3	127.1	69.8
世界平均	8.6	15.8	7.2	16.9	77.3	60.4

数据来源：国际电信联盟数据 ITU(2022)

①此处因四舍五入显示为 0，更为精确的数据为 0.0429

②此处因四舍五入显示为 0，更为精确的数据为 0.0176

③此处为 2010 年数据

表 5-3 显示 2011 年到 2020 年东南亚各国较为成功地普及了

---

① We Are Social and Hootsuite，*Digital* 2022：*Global Overview Report*（January 26 2022），p.27.

移动宽带。2011 年，东南亚国家每百人移动宽带用户数为 17，约为世界平均水平，但远低于发达地区水平，该指标在 2020 年已达到 100.3，远超世界平均水平，也更为接近发达地区的水平了。尤其是缅甸、文莱、马来西亚和柬埔寨的发展非常迅速。但是另一方面，东南亚国家在固定宽带方面的发展较慢，2011 年，东南亚国家每百人固定宽带用户数为 5.5，与世界平均和发达地区的差距分别为 3.1 和 19.7，2020 年，这个差距分别拉大到 5.6 和 24.4。除了越南、泰国和文莱的发展速度快于世界平均水平外，其他国家的速度都远低于世界平均水平。这与东南亚国家民众更偏好手机上网的习惯相符。菲律宾、泰国、印度尼西亚和马来西亚位居全球手机上网日均时长前十名，其中菲律宾和泰国更是全球前两名，手机上网日均时长分别为 5 小时47 分和 5 小时 28 分，远超 3 小时 43 分的世界平均水平。①

表 5-4 东南亚各国人均国际互联网带宽(千比特/人)

	2015 年	2020 年	增长率(%)
文莱	72.20	153.99	113.27
柬埔寨	18.97	47.59	150.88
印度尼西亚	26.60	120.00	351.06
老挝	17.49	30.71	75.60
马来西亚	34.55	273.37	691.27
缅甸	10.69	46.73	337.33

① Social and Hootsuite，*Digital* 2022：*Global Overview Report*，p.31.

续表

	2015 年	2020 年	增长率(%)
菲律宾	23.22	26.80[①]	15.41
新加坡	730.76	5299.56	625.21
泰国	53.97	140.80	160.89
越南	40.23	203.43	405.69
发达地区	81.80	233.40	185.33
世界平均	52.30	156.80	199.81

①2017 年数据

　　表 5-4 显示东南亚各国的人均国际互联网带宽的发展显出非常不均衡的现象。2015 年到 2020 年，发达地区和世界平均的人均带宽增长率分别为 185％和 199％左右，马来西亚、新加坡、越南、印度尼西亚和缅甸的增长率都超过了发达地区的水平，马来西亚的发展尤为引人注目，从 2015 年低于世界平均水平到 2020 年超过了发达地区的水平。新加坡作为一个城市国家，发展速度同样非常迅猛，人均带宽远远高于其他东南亚国家，也远远高于发达地区的平均水平。不过东南亚也有远低于世界平均水平的国家，例如，老挝、缅甸和柬埔寨，它们还需要更加快速的发展，才有可能达到世界的平均水平。

表 5-5　东南亚各国 4G 网络覆盖率(%)

	2015 年	2020 年
文莱	80	95.25
柬埔寨	30	91.5

	2015 年	2020 年
印度尼西亚	5	96.1
老挝	5	43
马来西亚	71	93.5
缅甸	0	93.85
菲律宾	39	80
新加坡	100	100
泰国	21	98
越南	0	99.5
发达地区	85.4	98
世界范围	43.4	85

数据来源：联合国可持续发展目标的指标数据库 UN-DESA(2022)以及国际电信联盟数据库(2022)

　　如表 5-5 所示，东南亚国家移动网络的基础设施建设发展良好。2015 年，除了新加坡、文莱和马来西亚外，其余的 7 个国家的 4G 网络的使用人口都在 40％以下，而同期世界人口的 43.4％使用了 4G 网络。但是到了 2020 年，只有老挝和菲律宾两个国家的 4G 人口比例低于世界比例，其他国家的 4G 人口都已经超过或者接近发达地区的水平了，基本上各国民众已经普遍使用 4G 网络了。这与上文提到的东南亚民众更热衷移动上网的情况相符。

表 5-6　固定和移动宽带费用占国民收入(GNI)百分比(%)①

| | 固定宽带包月(5GB) | | | 移动宽带包月(2GB) | | |
	2014 年	2020 年	2021 年	2014 年	2020 年	2021 年
文莱	1.63	0.96	1.07	0.7	0.28	0.28
印度尼西亚	3.06	10.93	7.57	1.53	1.33	0.85
柬埔寨	11.76	12.16	12.08	2.93	1.62	2.42
老挝	10.33	8.31	7.47	4.49	2.37	2.67
缅甸	20.32	11.55	12.36	9.6	1.04	1.67
马来西亚	2.90	2.19	2.34	1.58	0.91	0.98
菲律宾	7.72	7.85	11.56	7.72	1.36	2.04
新加坡	0.69	0.74	0.78	0.34	0.37	0.22
泰国	3.35	3.29	3.52	2.29	1.18	1.4
越南	1.84	3.92	3.53	3.6	1.04	0.49
东盟平均	6.36	6.19	6.23	3.48	1.15	1.30
高收入地区	1.09	1.08	1.19	0.69	0.52	0.51
世界平均	2.90	2.77	2.98	1.81	1.23	1.25

如表 5-6 所示，东南亚各国数字服务的可负担性处于较为复杂的情况。2018 年，联合国宽带委员会根据联合国 2030 年可持续发展议程，把宽带的可负担性目标定为：到 2025 年，发展

① 固定宽带包月(5GB)指标统计的是，该经济体中市场份额最大的运营商提供入门级固定宽带服务的最低价格，该服务必须满足每月至少 5G 的流量，速度不低于 256kbit/s。移动宽带包月(2GB)指标统计的是，该经济体中市场份额最大的运营商提供入门级移动宽带服务，该服务必须满足每 30 天(或 4 周)至少 2GB 流量，速度不低于 256kbit/s。数据来源：国际电信联盟信息通信技术价格数据库(2022)。

中国家的入门级宽带服务的价格低于人均月国民收入的 2%。东南亚各国的固定宽带服务费用较高，而移动宽带服务的费用已经在相当程度上降到了联合国的 2025 年目标。固定宽带占国民收入比重指标显示，2014 年到 2021 年，高收入国家维持在低于 1.2% 的水平，世界平均维持在低于 3% 的水平，而东南亚国家一直在 6% 以上，特别是缅甸、柬埔寨、菲律宾三国的价格占国民收入 10% 以上，远超 2% 的目标线。相较于固定宽带，移动宽带在东南亚更为普及，因此其费用占国民收入比重指标更为重要。2014 年到 2021 年，该比重在高收入国家从 0.69% 下降到了 0.51%，世界平均从 1.81% 下降到了 1.25%，东盟则从 3.48% 下降到了 1.3%，低于 2% 的目标线，并接近世界平均水平了。同时缅甸、柬埔寨、菲律宾三国移动宽带费用占国民收入的比重也没有比东盟平均水平高太多。

需要特别指出的是新冠疫情不但大大提升了对网络的需求，还使得民众使用互联网的相对费用提高了。相较于 2020 年，在 2021 年固定宽带方面实现 2% 目标的经济体净减少了 2 个，而移动宽带方面达标经济体净减少了 7 个。如表 5-6 所示，就世界平均水平来说，固定宽带包月的价格占国民收入比重从 2020 年的 2.77% 上升到了 2021 年的 2.98%，甚至高于 2014 年的 2.9%，而从移动宽带来看，该比重从 2020 年的 1.23% 上升到了 2021 年的 1.25%。一些东南亚国家也不例外。例如，菲律宾

的固定宽带包月价格占国民收入的比重从 2020 年的 7.85％猛增
到 2021 年的 11.56％。柬埔寨的移动宽带包月价格在 2020 年已
经实现了低于国民收入 2％的目标，但是在 2021 年，该比重上
升到了 2.42％。泰国、老挝、缅甸等国也不同程度地出现了这
个问题。

　　培育出充足的熟练掌握信息通信技术的人才，是数字发展
的重要一环。图 5-1 显示的是具有不同的信息通信技术水平的
人占总人口的比重。联合国宽带委员会提出的目标是：到 2025
年，60％的年轻人和成年人能够掌握基本技能。根据 ITU 的统
计，在 77 个有相关数据的经济体中，只有 17 个（22％）达到了
60％这个目标。另外，只有 24 个经济体报告了至少有 40％的
成年人掌握中级技能，只有 6 个经济体报告了至少有 15％的成

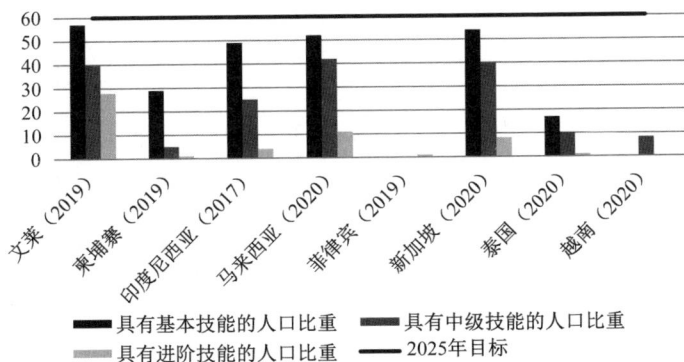

图 5-1　具有不同信息通信技术水平的人口比重(％)
数据来源：作者根据联合国可持续发展
目标的指标数据库 UN-DESA(2022)制图。

表5-7 东南亚各国数字服务的性别和城乡鸿沟①

	手机拥有率(%)			互联网使用率(%)						数据年份
	女性	男性	性别均等分数	女性	男性	性别均等比	城市	乡村	城乡均等分数	
泰国	83.67	83.46	1.00	76.8	79.0	0.97	83.6	73.2	1.14	2020
越南	76.78	78.26	0.98	67.0	73.8	0.91	81.9	63.5	1.29	2020
印度尼西亚	57.51	68.12	0.84	50.8	56.7	0.90	64.2	40.3	1.59	2020
马来西亚	94.99	97.66	0.97	87.7	91.3	0.96	92.4	79.4	1.16	2020
缅甸	57.44	68.00	0.84	19.4	28.6	0.68	NA	NA	NA	2017
新加坡	87.83	88.76	0.99	90.9	93.2	0.98	NA	NA	NA	2020
文莱	98.70	90.87	1.09	99.8	91.8	1.09	NA	NA	NA	2019
柬埔寨	62.00	62.00	1.00	65.0	65.0	1.00	NA	NA	NA	2018
发达地区	NA	NA	NA	87.7	89.0	0.99	89.40	85.1	1.05	
世界平均	82.58	85.30	0.97	56.5	61.7	0.92	75.60	38.8	1.95	

① 每年分性别报告 "手机拥有率" 的经济体数量相对较少,因此作者将该指标的取值区间定为 2018—2020 年,在此区间共有 62 个经济体报告过该指标的数据。"互联网使用率" 的性别数据的最新年份为 2020 年,而城乡数据的最新年份为 2017 年。

年人掌握了进阶技能。东南亚国家中只有 7 国报告了相关数据，表现不尽如人意。没有一个国家达到了 60％这个目标，文莱和新加坡只是接近 60％。不过文莱、马来西亚和新加坡约有 40％的成年人口掌握了中级技能，文莱更是唯一的有接近 30％的成年人口掌握了进阶技能的东南亚国家，马来西亚和新加坡的该项指标在 10％左右。

本章使用 ITU 提出的均等分数来讨论性别和城乡层面的数字鸿沟（见表 5-7）。[①] 均等分数由女性数据/男性数据（或者城市数据/乡村数据）得到，数值在 0.98～1.02 之间代表性别或者城乡之间较为均等，数值小于 0.98 代表女性（或者城市）相对于男性（或者乡村）享受更少的数字服务，而数值大于 1.02 代表相反的情况。根据国际电信联盟（ITU）数据，2018—2020 年，在手机拥有率方面，有 29 个经济体处于男女较为均等状态，占有数据的 60 个经济体的 48.3％；有 21 个经济体（35％）男性手机拥有率明显高于女性，而女性手机拥有率明显高于男性的经济体只有 10 个（16.7％）。东南亚国家除了缅甸和印度尼西亚外，其他国家的性别均等表现都较好。在互联网使用率方面，发达地区和世界平均的均等分数为 0.99 和 0.92，东南亚各国在该指标的性别均等表现相对较差，除新加坡、文莱、柬埔寨外，其他国

---

① ITU，"The ITU ICT SDG indicators."原文仅用均等分数来讨论了手机拥有率在性别层面的差异，本章则借用均等分数概念讨论了互联网使用率在性别和城乡层面的差异。

家都没有达到 0.98 的底线。城乡之间的数字鸿沟要远比性别之间严重。发达地区和世界平均的均等分数都超过了 1.02 的上限。只有四个东南亚国家报告了该项数据，而它们的城市互联网使用率都远高于乡村，印度尼西亚城市的互联网使用率更是乡村的 150% 以上。

从数字服务的数量和质量来看，东南亚各国的数字发展整体较好，但各国之间的发展差异较大，同时在不同指标上的表现也参差不齐。新加坡和马来西亚等国与缅甸、柬埔寨和老挝之间存在国家间的数字鸿沟，而东南亚各国还需要尽力缩小性别和城乡之间的数字鸿沟。虽然各国的网络渗透率较高，但还需大力提升民众的数字技能。移动网络发展较好，但需要改善固定网络的质量，网络的基础设施建设较快，但是网络服务的价格还需要进一步下降。同时，东南亚的网民也具有鲜明的特点，就是对手机上网的热衷。

伴随着东南亚地区网络服务的日益普及，该地区的数字经济也有良好发展势头。2016 年 Google 和淡马锡的一份报告指出，东盟六国①是互联网发展最为迅速的地区之一，预计到 2025 年，东盟六国以 GMV（商品交易总额）计算的数字经济的

---

① 该报告覆盖了菲律宾、越南、泰国、新加坡、马来西亚和印度尼西亚六个东盟国家。

规模将达到 2000 亿美元以上。① 而在 2019 年数字经济的规模首次超过了 1000 亿美元，是 2015 年的 320 亿美元的三倍以上，并预计到 2025 年，数字经济的规模会超过 3000 亿美元，较 2016 年的预计多了 1000 亿美元。新冠疫情更是大大加速了东南亚的数字经济发展。东盟六国的网民数量从 2019 年的 3.6 亿增长到了 2021 年的 4.4 亿，每年增长了 4000 万，同时仅在 2020 年，网上消费者也增加了 4000 万。目前东盟六国总计有 3.5 亿网民至少进行了一次网上购物，占网民总数的 80%。2021 年东盟六国的商品交易总额已经达到了 1740 亿美元，预计到 2025 年达到 3600 亿美元，比 2019 年的预计值又高了 600 亿美元。并且预计在 2030 年，东盟六国的商品交易总额可达到 7000 亿～10000 亿美元。东南亚网民的网上购物的频率也非常高，从每周网上购物的百分比来看，泰国和马来西亚以 68.3% 和 66.6% 位居全球前两位，而新加坡、菲律宾、印度尼西亚也分列第 8、9、11 位。② 同时东南亚民众对数字化生活也越来越习惯了。世界经济论坛（WEF）和新加坡东海集团（Sea Ltd）在 2021 年对东盟六国约 8.5 万人进行了问卷调查，结果显示，大多数受访者希望未来能使用更多的数字工具，而且生活中数字化程度越高

---

① 统计的领域是电子商务（包括服装、电子、家居百货销售）、旅游业（包括酒店、航班预定、网约车业务）、在线媒体（包括广告和游戏产业）。

② Social and Hootsuite. *Digital* 2022：*Global Overview Report*，p. 239.

的受访者越希望进一步数字化。数字化程度低于 25％的民众中，希望进一步数字化的不超过 30％，而数字化程度高于 75％的民众中，希望进一步数字化的超过 70％。同时中小微企业主比一般民众更加认可数字转型对疫情后恢复经济的重要性。

二、东南亚数字化战略与行动

2015 年形成的东盟共同体由三大支柱构成：东盟经济共同体、东盟政治安全共同体和东盟社会文化共同体。其中，经济共同体涵盖了能源、交通、旅游等十大部门，涉及数字领域的是信息通信技术和电子商务两大部门。前者涵盖了电信基础设施、发展政策、网络安全和技能培训等内容。随着东盟大力推进数字经济，在 2019 年这个部门更名为数字部门，更为广泛地纳入了数据治理、网络安全、在线平台等重要数字领域。电子商务部门主要由 2016 年成立的东盟电子商务协调委员会（ASEAN Coordinating Committee on Electronic Commerce）负责。委员会由贸易、海关、消费者保护等部门的官员和中小微企业的代表组成，围绕电子商务提出了一系列的倡议。本章将按照东盟自身的部门划分，来梳理东盟在数字领域通过的重要文件。

东盟在信息通信技术方面一共出台了三个重要的战略行动文

件（见本章附表一），最早在 2011 年通过了《东盟信息通信技术总体方案 2015》，提出要让信息通信技术成为东盟经济增长的引擎，从而改善民众生活，提高东盟一体化程度。东盟在 2015 年又通过了第二版的《总体方案》，即《东盟信息通信技术总体方案 2020》，在第一版的基础上，提出了要通过信息通信技术实现八大战略目标：经济发展和转型、增强民众的融合和能力、创新、完善基础设施、发展人力资源、建立统一市场、提升新媒体及其内容的质量、保障信息安全。2021 年，东盟最新通过了《东盟数字总体规划 2025》，提出实现更为具体，也更容易被衡量的八大目标：1. 加快东盟在新冠疫情后的恢复进程；2. 提升固定和移动宽带基础设施的质量和覆盖率；3. 提供可信赖的数字服务并保护消费者利益；4. 建立可持续的、有竞争力的数字服务市场；5. 加强电子政务的质量；6. 通过数字服务加强商业联系和跨境贸易；7. 加强商家和民众参与数字经济的能力；8. 建设具有数字包容性的东盟社会。

在电子商务方面，东盟也出台了数个重要政策文件（见本章附表二）。2018 年颁布的《东盟数字一体化框架》作为重要框架性文件，提出了六个优先领域：1. 促进无缝贸易，包括加强软硬基础设施的建设，加快无缝物流的发展以促进跨境贸易；2. 在数据保护的同时支持数字贸易和创新，确保个人的数据安全并促进东盟各国之间的数据流动，在此基础上刺激中小微企业的数字化发展；3. 实现无缝数字支付，推动跨境数字贸易和金融服务，扩大金融普惠服务人群，推进金融一体化，统一标准和程序；4. 增加数字人才的供应，提高现有劳动力的数字技能，各国要与私营部门合作，加快实施数字培训项目；5. 培养创业精神，减少中小微企业的业务障碍，协助它们参与数字经济；6. 协调各方行动，建立数字发展的协调机构，加速东盟数字一体化。2019 年，东盟通过了更具操作性的《2019—2025 年〈东盟数字一体化框架〉行动计划》，细化了具体的倡议和行动、预期成果和完成时间、执行部门。2019 年，东盟十国还签署了《东盟电子商务协定》，作为东盟电子商务的首份指引性并具有法律约束力的协定，文件提出了三大目标：1. 促进东盟的跨境电子商务交易；2. 在东盟地区为电子商务创造良好的互信可靠环境；3. 加强成员国间的合作，以电子商务来促进包容性增长和缩小发展差距。2021 年，东盟通过了《〈东盟电子商务协定〉实施工作计划》，细化了实现《协定》目标的措施和机制，为各类重点议题，包括跨境议题（数据本地化、数据共享等）、商业议题（电子签名、电子支付等）、消费者议题（消费者保护、争端解决等），制定了工作目标。

新冠疫情加速了东南亚国家的数字化转型。在区域层面，2020 年东盟发布的《东盟全面复苏框架》把加速包容性数字转型作为疫情后复苏的五大战略之一。2021 年举行的东盟经济共同体理事会会议通过了《斯里巴加湾路线图(BSBR):加快东盟经济复苏与数字经济一体化的东盟数字转型议程》,为东盟的数字转型提出了最新的路线图,计划通过恢复(2021—2022)、加速(2022—2024)、转型(2025)三个阶段实现东盟数字经济一体化的目标,并确定了每个阶段的具体措施。同时,东盟通过"走向数字东盟"(Go Digital ASEAN)计划来应对新冠疫情对东盟中小微企业的经济打击。该计划由东盟中小微企业合作委员会和亚洲基金会联合运行,并得到了 Google 330 万美元的资助。中小微企业是东盟经济活力的重要来源,为东盟贡献了 50% 以上的GDP,并创造了 83% 以上的就业岗位。虽然有 75% 的中小企业认为数字化是一个发展机遇,但实际上只有 16% 的中小企业在经营中使用了数字工具。因此"走向数字东盟"计划旨在提升 20 万东盟中小微企业主的数字技能,协助他们通过数字工具复产复工。

在国家层面,不少国家都推出了促进数字转型的政策。国家战略方面,越南政府在 2020 年 5 月和 6 月分别通过了《2021—2025 年阶段国家电子商务发展总体方案》和《至 2025 年国家数字化转型计划及 2030 年发展方向》。前者旨在普及在线购物,扩大电子商务市场规模,后者旨在发展数字政府、数字经济、数字社会,并促进越南建立具备全球能力的数字技术企业。越南计划在 2025 年实现数字经济占国内生产总值的 20%,并且每个行业、领域的数字化比重至少达 10%;2030 年要普及光纤宽带和 5G 移动网络服务。同期文莱政府也公布了《数字经济总体规划 2025》，提出要推动政府、工业和社会的数字转型，建成一个智慧国家。其中列出了 17 个 5 年内的重点项目，包括公交信息系统、国家商业服务平台、学校网络基础设施等。柬埔寨政府在 2021 年发布了《数字经济和数字社会政策框架》，提出要在 2021—2035 年实现五大数字发展目标，即建设数字化转型的基础设施、建立对数字系统的依靠和信心、培养数字公民、推动数字政府、建立数字商业。马来西亚在 2021 年颁布了《数字经济蓝图》，提出在 2025 年要实现数字经济占 GDP 的比重达到 22.6%，87.5 万家中小微企业接入电子商务，投入约 166 亿美元推进数字化转型，在 2030 年所有经济部门的生产率要提升 30%。数字基建方面，马来西亚在 2020 年 8 月宣布启动名为 Jendela 的国家数字网络项目，计划将 4G 移动网络的人口覆盖率从 91.8% 提升到 96.9%，并为在 2022 年启动 5G 网络打下基础。电子商务方面，文莱和菲律宾的政府机构都设立了在线平台，帮助当地企业和农民在线上销售产品和提供服务。印度尼西亚政府在 2020 年 6 月启动了与东南亚电商平台 Lazada 的合作，计划协助该国二百万个中小企业开设线上商店。值得注意的是，阿里巴巴是 Lazada 的控股公司。数字人才培养方面，2020 年 10 月，泰国商业部的新经济学院与华为合作在曼谷成立了华为（泰国）东盟学院，联合提供数字课程。

目前计划为 1000 家泰国中小企业展开数字技能的培训。经济刺激方面，新加坡将投入约 26 亿美元用来升级该国的信息通信设施，促进云端技术、人工智能、数据分析等技术的创新、协助数字抗疫等，预计约 80％的采购金额能惠及中小企业。马来西亚沙巴州在 2020 年 6 月启动了第二个经济刺激方案，主要目标之一就是加速该州的数字转型，大部分资金将用于政府数字设备和网络的升级、人员的数字技能培训、协助私营部门的线上经营等，并将建立数字转型办公室来协调和执行相关的数字转型计划。

三、数字"一带一路"在东南亚地区的发展

东南亚国家与中国有较长时间的数字合作，已打下良好的基础。早在 2001 年举行的第五次中国-东盟领导人会议就把信息通信定为重点合作的领域。2006—2019 年中国-东盟电信部长会议共举办了 14 次，2021 年会议更名为"中国-东盟数字部长会议"并首次举办。东南亚各国与中国共建数字丝绸之路可以有效地提升双方的互联互通水平。

在政策沟通方面，双方围绕数字合作进行了一系列政策对接和机制创新。2018 年通过的《中国-东盟战略伙伴关系 2030 年

愿景》提出，中国和东盟要提升数字互联互通水平，抓住数字经济和技术创新机遇，采用新技术来应对共同挑战。[①] 2019 年通过的《中国-东盟关于"一带一路"倡议同〈东盟互联互通总体规划 2025〉对接合作的联合声明》，明确提出要在数字经济、信息和通信技术、电子商务等领域广泛开展合作。[②] 2020 年 11 月举行的中国-东盟领导人会议发表了《中国-东盟关于建立数字经济合作伙伴关系的倡议》，正式确立了双方的数字经济合作伙伴关系。2021 年公布的《落实中国-东盟面向和平与繁荣的战略伙伴关系联合宣言的行动计划（2021—2025）》提出，双方要加强数字合作，包括在数字经济和科技创新等方面的政策对话、信息交流、能力建设等。[③] 中国 2021 年公布的《"十四五"数字经济发展规划》明确提出了高质量推动中国-东盟智慧城市合作，拓展与东盟的数字经济合作伙伴关系。在国家层面，中国与东南亚各国之间也建立起了相关政策框架。例如，中国和泰国的数字经济合作部级对话机制，和越南、柬埔寨签署的关于电子商务合作谅解备忘录等。中国和印度尼西亚、马来西亚的联合声明中，

① 《中国-东盟战略伙伴关系 2030 年愿景》，2018，http://www.scio.gov.cn/31773/35507/htws35512/Document/1641611/1641611.htm，2022-05-18 访问。

② ASEAN-China, ASEAN-China Joint Statement on Synergising the Master Plan on ASEAN Connectivity (MPAC) 2025 and the Belt and Road Initiative (BRI) (2019).

③ ASEAN-China, Plan of Action to Implement the ASEAN-China Strategic Partnership for Peace and Prosperity (2021—2025) (2021).

也提出要在电子商务、数字经济等新兴领域加强合作。中国与新加坡在 2018 年签署的《关于升级〈自由贸易协定〉的议定书》，特别新增了电子商务章节，涵盖了电子认证和电子签名、在线消费者保护和个人信息保护等议题。①

在设施联通方面，中国和东南亚国家实现了海陆空的联通。在 2019 年，中国和新加坡共同在重庆启动了中国首条针对单一国家、点对点的国际互联网数据专用通道，为跨境数据传输、远程医疗等提供服务。专用通道在疫情期间为双方企业提供了稳定可靠的信息服务。目前中国和东南亚之间已有 3 条国际通信海缆、12 条国际陆地光缆、13 个重要通信节点。②中国企业还在东南亚国家建立起了云服务。2015 年阿里云在新加坡设立了国际业务总部和首个位于东南亚的数据中心，目前已有 9 个云服务片区分布在新加坡、马来西亚、印度尼西亚、菲律宾，2022 年还将开始服务泰国片区。2016 年腾讯云在新加坡设立了首个东南亚数据中心，目前在印度尼西亚、新加坡和泰国建立起了 6 个云服务片区。2013 年中国的北斗系统首次被缅甸用于农业数据采集工作。随后柬埔寨、老挝的土地

---

① 《商务部国际司负责人解读中国—新加坡自由贸易协定升级议定书》，2018，http://www.gov.cn/zhengce/2018-11/12/content_5339711.htm，2022-05-02 访问。

② 《加强技术合作，优化经贸服务——中国-东盟信息港建设提速》，载《人民日报》，2020-12-01。

管理、国土整治、生态监控也使用到了北斗系统，现在印度尼西亚、马来西亚、泰国等国家还把北斗系统的应用拓展到建设智慧城市上。[①]

　　贸易畅通方面，数字经济能进一步推动中国和东南亚已经很紧密的经贸往来。2022 年正式生效的 RCEP 带来的关税减免有利于跨境电商减低成本，提高竞争力，同时贸易标准一体化和生产要素更加自由的流动都有助于降低交易成本。RCEP 还专门制定了针对电子商务的章节，包括无纸化贸易、电子认证和电子签名的贸易便利化措施、线上消费者保护等推进电子商务应用的措施。中国和东南亚的跨境电商发展迅速。例如，2021 年广西南宁和崇左的两个自贸试验区的跨境电商进出口额同比分别增长了 2.6 倍和 10 倍。南宁建立了"泰国—钦州保税港—南宁综保区"海陆联运跨境电商保税进出口通道，崇左也正式启用全国首个国际邮件、快件、跨境电商"三合一"清关中心。不少企业把握机会对接东南亚的跨境电商，提供仓储、报关、物流配送等服务。

　　资金融通方面，最引人注目的数字合作是中国科技企业对东南亚的电商、电子支付、游戏等数字企业的投资（见表 5-8）。代表性的例子有阿里巴巴投资的新加坡电商 Lazada 和印度尼西

---

　　① 《新时代，走向世界舞台的"中国北斗"》，北斗网，2020-08-01，http://www.beidou.gov.cn/yw/xwzx/202008/t20200801_20888.html.

亚电商 Tokopedia，蚂蚁金服投资的众多电子支付公司，京东在泰国和印度尼西亚设立的本地化运营的公司。例如，JD Central是京东与泰国尚泰集团在泰国成立的合资公司，而 JD. ID 是京东与 Gojek 在印度尼西亚成立的合资公司。Gojek 成立于 2010年，美团则在 2018 年与腾讯、京东、Google、黑岩、淡马锡等联合参与了其 E 轮融资，在 2021 年 Gojek 和 Tokopedia 合并，成立了新的 GoTo 集团。这些例子清楚地表明，中国企业在投资东南亚的数字企业时，与国际和当地投资者有大量合作，各方深度融合。

表 5-8　中国企业在东南亚各国投资的代表性数字企业

投资方	被投资方	类别	总部所在地
腾讯	Ookbee U	新闻媒体	泰国
	Sanook	门户网站	泰国
	VNG	游戏公司	越南
	Voyager Innovation	电子支付	菲律宾
	Sea Group	电商、游戏	新加坡
	Gojek	订餐、支付、网约车	印度尼西亚
	Iflix	视频网站	马来西亚
京东	JD Central	电商	泰国
	Pomelo	电商	泰国
	Tiki	电商	越南
	The Asian Parent	母婴网站	新加坡
	JD. ID	电商	印度尼西亚
	Traveloka	旅游预订网站	印度尼西亚

续表

投资方	被投资方	类别	总部所在地
阿里巴巴	Lazada	电商	新加坡
	Tokopedia	电商	印度尼西亚
蚂蚁金服	Ascend Money	电子支付	泰国
	TNG Digital	电子支付	马来西亚
	Mynt	电子支付	菲律宾
	M-Daq	电子支付	新加坡
	Akulaku	消费金融	印度尼西亚
	DANA	电子支付	印度尼西亚
	Bukalapak	电商	印度尼西亚
滴滴	Grab	网约车、支付、外卖	新加坡
美团	Gojek	网约车、支付、外卖	印度尼西亚

民心相通方面，数字技术促进了中国和东南亚国家深入的人文交流。2020年科大讯飞与广西民族大学成立了东盟语言人工智能研究院，目标是减少中国与东南亚国家在文化交流和经济合作时的障碍。同年科大讯飞与马来西亚数字经济发展局签署合作谅解备忘录，科大讯飞将与马方政府、企业、教育机构围绕智慧教育、马来语翻译等课题展开合作。在数字娱乐产业方面，东南亚国家日益欢迎中国的数字内容。腾讯旗下的WeTV和爱奇艺面向东南亚各国的付费视频平台收获了大量的订阅者，两者的订阅数都突破了100万。腾讯和爱奇艺的市场份额在泰国、印度尼西亚等多个东南亚国家位居前列，这既得益于优秀的当地原创作品，也得益于中国电视剧的吸引力。东南亚国家已成为爱奇艺用户增长最快的市场，2020年爱奇艺在新加坡设立了海外总部，在2021

年还与新加坡当地公司联合成立了经纪公司，希望挖掘东南亚的新人与国际和中国的影视娱乐产业合作。

四、中国与东南亚数字"一带一路"合作的挑战与推进路径

东南亚各国的数字发展面临不少现实的困难。世界经济论坛和新加坡东海集团的调查显示，半数以上的受访者认为提升数字化的首要和次要障碍分别是质量差、昂贵的互联网服务和数字设备，而第三大障碍是缺乏数字技能和机会。[①] 近六成的受访者认为推动数字经济首要的任务是提高网络覆盖率，特别是在乡村地区，还有近半数受访者认为提升数字技能，包括中小企业及其雇员的数字技能也很重要，同时还需要改善物流和快递服务来应对不断上涨的电商需求。[②] 中小企业对东南亚经济有独特的重要性。中小企业为东南亚国家贡献了超过50％的 GDP，提供了80％以上的工作岗位，同时在关键经济部门，99％的企业都是中小企业。尽管有75％的中小企业认为数字

---

①　WEF，*ASEAN Digital Generation Report：Pathway to ASEAN's Inclusive Digital Transformation and Recovery*，p. 23.

②　WEF，*ASEAN Digital Generation Report：Pathway to ASEAN's Inclusive Digital Transformation and Recovery*，p. 24.

化是一个机遇，但只有 16％的中小企业能够真正使用好数字
工具，而这些企业中超过 95％的企业有出口产品。上文已经
提到，中小企业主比普通民众更认可数字转型对疫情后经济恢
复的作用。因此，协助中小企业顺利地数字转型对东南亚的经
济恢复、东南亚与中国和其他国家的经贸合作都有重要意义。

中国与东南亚国家的数字合作也面临一些具体的挑战：第
一，合作尚缺整体的战略安排，目前中国主要由工信部通过中国-
东盟数字部长会议来与东盟进行协调工作，但受限于部委的单一
业务功能，无法涵盖其他重要的数字合作领域，例如，数字安
全、征收数字税、缩小数字鸿沟、电商物流通关规范等；第二，
中国与东南亚的数字合作面临东南亚其他域外合作伙伴的激烈竞
争，美国、欧盟、日本等伙伴都在加强与东南亚各国的数字合
作，包括数字市场的开放、数字标准的制定、合作伙伴的选择等，
这些对中国与东南亚国家的合作会造成较大的影响；第三，东南亚
各国之间存在巨大的数字鸿沟，各国的数字需求差异明显，数字规
则、标准、法律等治理框架也不一致，这增加了中国企业的市场布
局难度，降低了可以从一体化市场中获得的规模经济效益；第四，
东南亚地区的数字人才匮乏，面临数字研发等高技能人才和具有基
本数字技能的初级数字人才的双重缺失，因此中国企业在雇用合适
的当地员工时面临困难，也增加了企业的培训成本。

针对这些困难和挑战，本章就更好地促进东南亚国家数字
发展提出一些建议：

第一，建立中国与东南亚地区数字合作的政府间、行业间、企业间交流会商制度，落实政策对接机制。中国作为数字发展的领先国家，应积极为东南亚数字发展提供智力支持，针对其优先领域提出相应的行动计划。可以商讨《中国-东盟关于建立数字经济合作伙伴关系的倡议》与《东盟数字总体规划 2025》的对接，并加快落实《中国-东盟关于"一带一路"倡议同〈东盟互联互通总体规划 2025〉对接合作的联合声明》，以数字丝绸之路助力东盟实现互联互通的战略需求，例如，数字创新和无缝物流等。在中国-东盟数字部长会议的基础上，可以设立"中国-东盟数字发展协调机制"，加强中国与东盟在数字基建、数字监管、数字标准对接、数字人才培养、跨境电子商务和电子支付等方面的全面合作。同时，中国和东南亚的发展规划对接可以进一步下沉到省级甚至市级层面。例如，在 2021 年泰国工业部和广东省举办了第一次广东—泰国高级别合作会议，讨论了泰国东部经济走廊与粤港澳大湾区发展对接的议题，并认为泰国和广东在智慧电动车、数字和5G 产业、智慧城市等方面有合作的潜力。① 在企业层面，一个值得借鉴的例子是华为与马来西亚数字经济公司的合作，华为将为该国发展数字经济提供技术支持和商业战略咨询服务。

第二，减少数字发展障碍应成为中国和东南亚数字合作的

---

① 《泰国拟加强与广东的经贸合作》，中国商务新闻网，2021-08-28，http://www.comnews.cn/article/gjhz/202108/20210800084838.shtml，2022-05-16 访问。

优先任务。例如，东南亚中小企业开展跨境电商贸易面临的主要障碍有：跨境贸易的物流和出口流程不通畅，缺乏必要的数字技能，不能有效应对数字监管，跨境贸易的支付手段不足等。[①] 中国与东南亚国家可以将贸易便利化作为合作重点，完善跨境电子商务平台及物流供应链体系，利用税务、检验检疫、交通运输等方面的数字技术，提升中国与东南亚各国的跨境物流效率，并积极推广电子支付工具，做到贸易和支付的无缝连接。中老铁路在 2021 年 12 月开通运营后，云南在 2022 年 3 月首次实现了以"跨境电商＋铁路运输"的模式将电商商品发往泰国。云南还计划推动跨境电商、邮政快递等企业沿铁路线布局面向东南亚的跨境电商营销、寄递、集配网络，通过提高通关便利化、智慧化水平，促进电商发展。[②] 另外，中国快递企业也跟随跨境电商积极拓展东南亚市场，顺丰、百世、圆通、中通、申通和韵达等快递企业均在该地区开展了业务，例如，百世快递已覆盖泰国全境，并在越南建立了 7 个转运中心，中通在缅甸建立了3 个转运中心，分别辐射缅甸北、中、南部。[③] 这些都是减少中国

---

① Hoppe，May，and Lin，*Advancing Towards ASEAN Digital Integration*.

② 《云南 4.22 万件跨境电商商品首次"乘坐"中老铁路发往泰国》，新华丝路，2022-03-16，https://www.imsilkroad.com/news/p/479069.html；云南印发《贯彻落实习近平总书记重要讲话精神 维护好运营好中老铁路开发好建设好中老铁路沿线三年行动计划》，云南网，2022-02-24，https://m.yunnan.cn/system/2022/02/24/031938932.shtml，2022-05-17 访问。

③ 国家邮政局发展研究中心，《中国快递行业发展研究报告(2019—2020 年)》，2020-06-18，http://www.spbdrc.org.cn/xwdt/zxdt/202006/t20200618_2443770.html，2022-05-17 访问。

与东南亚国家之间跨境电商障碍的良好例子。

第三，中国应根据东南亚各国在数字发展方面所处的不同阶段，采取分层次、有针对性的合作策略。对于柬埔寨、老挝、缅甸等数字基础相对薄弱的国家，合作重点在于完善数字基础设施和提供价廉物美的数字设备。这些国家偏远和乡村地区的互联网覆盖率依然不高，急需低成本的解决方案来提高覆盖率和降低资费，而中国企业的价格优势正好能满足它们的需求。对于马来西亚、印度尼西亚、泰国等具有一定数字基础的国家，重点加强在5G、物联网、人工智能、工业互联网等领域的合作。例如，华为在泰国启动了其在东南亚的首个5G测试平台，还与马来西亚电讯公司合作，为马来西亚私营和公共部门提供云端技术产品。阿里云早前与马来西亚科技公司Sena达成合作，建立了马来西亚第一个智能交通系统，阿里云还将在印度尼西亚启动其在当地的第三座数据中心，支持当地用户的机器学习、数据分析等需求。

第四，中国应争取与东南亚国家达成专门的数字经济协议（Digital Economy Agreement）。新加坡率先和智利、新西兰在2020年签署了《数字经济伙伴关系协定》（Digital Economy Partnership Agreement），这是全球首份关于数字经济合作的国际协定。这凸显了数字经济的重要性和独特性，要在现有的贸易和投资框架以外，单独形成数字贸易的规则和国际合作框架。① 中国也

---

① 《数字经济伙伴关系协定》包括三大重点事项：数字贸易（包括数字身份、电子支付等）、数据流动（包括个人信息保护、政府数据公开、跨境数据流动等）、数字系统（包括中小微企业合作、包容性数字发展等）。

于 2021 年申请加入该协定。新加坡已经陆续和澳大利亚、英国、韩国签署了类似的数字经济协议。并且新加坡还和越南、欧盟就签署此类协议展开了讨论。新加坡既是数字经济协议的首创国家，也是东南亚区域内数字经济发展程度最高的国家，中国可以先与新加坡达成双边的数字经济协议，这不但有助于中国更顺利地加入多边或者诸边的数字经济协议，而且有助于中国与其他有意愿的东南亚国家达成双边的数字经济合作，最终促进中国与东南亚的数字发展。

第五，创新中国与东南亚在数字技能和人才培养方面的合作方式。中国企业和大学可以与东南亚各国相关机构联合设立数字产业培训和实习基地，培养东南亚国家紧缺的数字产业人才。例如，2020 年 5 月华为在马来西亚启动了东盟（马来西亚）学院项目，计划在未来 5 年为马来西亚培养 5 万名数字人才。2020 年 10 月，华为还与泰国商业部合作启动了东盟（泰国）学院项目，计划为 1000 家泰国中小企业提供数字技能培训课程。在 2020 年，阿里巴巴通过旗下的电商平台 Lazada 计划协助印度尼西亚 200 万个中小企业开设线上商店。在马来西亚，阿里巴巴商学院已经为马来西亚培养了众多的电商从业者，其中相当一部分为女性。阿里云还通过与东南亚的本地大学合作，提供免费的数字技能培训项目。这些帮助东南亚民众和中小企业提升数字技能的做法，正是中国和东南亚开展数字合作的重要一环。

第六，中国各地区可以根据自身特点积极参与东南亚的数字经济。广西制定的《面向东盟的"数字丝绸之路"发展规划（2021—2025年）》就明确提出，要利用自身的区位、语言、人才等优势，到2025年实现建设2～3条标志性跨境数字产业链、1个跨境数字产业园，跨境电商进出口额年均增速达20%，面向东盟的数字人才联合培养达年均1000人次等目标。广东目前有13个地市设立了跨境电商综试区，连续7年是中国跨境电商进出口额最大的省份，2016—2020年的年均增速达65.9%。东南亚最大的电商平台Shopee在深圳设立了其中国跨境业务总部。广东可以抓住RCEP的机会进一步发展与东南亚的跨境电商贸易。海南也可以充分利用作为自由贸易港的地理、税收和政策优势，吸引国内、国际先进数字企业的聚集，利用中国（海口）跨境电商综合试验区和中国（三亚）跨境电商综合试验区的政策优势，以及洋浦港作为国际集装箱枢纽港的定位，打造面向东南亚的跨境电子商务物流和仓储中心。同时也可借助博鳌论坛等平台，开展数字经济的人才培训和联合研究，吸引东南亚数字人才来海南交流、就业和创业。①

第七，中国应积极与域外国家、国际组织协调开展与东南亚的数字合作。中国应避免在东南亚地区形成战略对抗局势，应重点强调经济利益，弱化地缘政治因素。可借助第三方市场

---

① 迟福林：《RCEP生效背景下的海南自由贸易港》，新华网，2022-03-10，http://www.news.cn/sikepro/20220310/a2eab66fc43040abaf0026e42980df72/c.html，2022-04-28访问。

合作的模式，寻求各方利益的最大契合点。中国企业在跨境电商贸易、移动支付方面发展较快，美国企业在基础软件、云服务等方面具有优势，欧盟企业对数据监管和信息安全方面经验丰富，中国与其他国家和组织在东南亚的第三方市场合作重点应从大型基建扩展到数字领域。同时，还应积极发挥国际组织的作用，与亚洲基础设施投资银行、亚洲开发银行、世界银行、国际电信联盟等机构合作规划东南亚国家数字项目、联合提供融资等。中国还可以借鉴其他域外国家的经验。例如，日本以日本-东盟共同体基金为平台，与东南亚国家展开了一系列的数字合作项目，包括支持东南亚建立了首个文化遗产数字档案馆，将东南亚各国的重要文化遗产数字化。中国的东南亚合作基金也可将合作领域扩展到数字项目，或者成立专门的基金来支持双方的数字合作。

附表一　东南亚数字部门近年来部分重要政策文件

	文件名称		文件要点
战略行动计划	ASEAN Digital Masterplan 2025	《东盟数字总体规划2025》	提出实现八大目标：1. 加快东盟在新冠疫情后的恢复进程；2. 提升固定和移动宽带基础设施的质量和覆盖率；3. 提供可信赖的数字服务并保护消费者利益；4. 建立可持续的、有竞争力的数字服务市场；5. 加强电子政务的质量；6. 通过数字服务加强商业联系和跨境贸易；7. 加强商家和民众参与数字经济的能力；8. 建设具有数字包容性的东盟社会

续表

	文件名称		文件要点
战略行动计划	ASEAN ICT Masterplan 2020	《东盟信息通信技术总体方案2020》	在第一个《总体方案》的基础上，新的《总体方案》提出了实现八大战略目标：经济发展和转型、增强民众的融合和能力、创新、完善基础设施、发展人力资源、建立统一市场、提升新媒体及其内容的质量、保障信息安全
	ASEAN ICT Masterplan 2015(2011)	《东盟信息通信技术总体方案2015》	提出要让信息通信技术成为东盟经济增长的引擎，使得东盟成为发展信息通信技术的全球基地，从而改善民众生活，提高东盟一体化程度
框架协议	ASEAN Data Management Framework	《东盟数据管理框架》	为东盟的企业提供一个无强制性的数据管理的指引
	ASEAN Framework on Digital Data Governance	《东盟数字数据治理框架》	阐述了数据治理的战略重点、原则和举措，以指导东盟成员国在数字经济领域的政策和监管方法
	ASEAN Framework on International Mobile Roaming	《东盟国际移动漫游框架》	促进东盟地区透明且可负担的国际移动数据漫游服务，以加强区域一体化使消费者受益
	ASEAN Framework on Personal Data Protection	《东盟个人数据保护框架》	目标是加强东盟对个人数据的保护，并促进各成员国之间的合作，以实现区域和全球的贸易和信息流动

附表二　东南亚电子商务部门近年来部分重要政策文件

文件名称		文件要点
The Bandar Seri Begawan Roadmap（BSBR）：An ASEAN Digital Transformation Agenda to Accelerate ASEAN's Economic Recovery and Digital Economy Integration	《斯里巴加湾路线图（BSBR）：加快东盟经济复苏与数字经济一体化的东盟数字转型议程》	提出了通过恢复（2021—2022）、加速（2022—2024）、转型（2025）三个阶段实现东盟数字经济一体化的目标，并确定了每个阶段的具体措施
Work Plan on the Implementation of ASEAN Agreement on Electronic Commerce	《〈东盟电子商务协定〉实施工作计划》	该五年计划细化了实现《协定》目标的措施和机制，为各类重点议题，包括跨境议题（数据本地化、数据共享等）、商业议题（电子签名、电子支付等）、消费者议题（消费者保护、争端解决等），制定了工作目标
ASEAN Digital Integration Index Report 2021	《东盟数字一体化指数报告2021》	首份测量东盟数字一体化程度的报告。从数字贸易与物流、数据保护与网络安全、数字支付与身份验证、数字技能与人才、创新与创业精神、制度与基础设施就绪度六个方面对东盟整体和各成员国进行测量
ASEAN Agreement on Electronic Commerce	《东盟电子商务协定》	提出了三大目标：1. 促进东盟的跨境电子商务交易；2. 在东盟地区为电子商务创造良好的互信可靠环境；3. 加强成员国间的合作，以电子商务来促进包容性增长和缩小发展差距

续表

文件名称		文件要点
ASEAN Work Programme on Electronic Commerce 2017—2021	《东盟电子商务工作计划2017—2021》	为电子商务的重点领域细化了行动倡议、预期成果、完成时间和执行机构，包括信息通信技术的基础设施、法律和监管的电子框架、贸易便利化方面的教育和技术能力、电子支付和清算、网上购物消费者保护、网络安全、与电子商务相关的物流等
Guideline on Accountabilities and Responsibilities of E-Marketplace Providers	《电商企业的责任与义务指南》	为电商平台的运营提供无强制性的指引
ASEAN Digital Integration Framework Action Plan 2019—2025	《2019—2025年〈东盟数字一体化框架〉行动计划》	在此提出的六大领域中，确定细化了具体的倡议和行动，预期成果和完成时间，执行部门
ASEAN Digital Integration Framework	《东盟数字一体化框架》	1. 促进无缝贸易，包括加强软硬基础设施的建设，加快无缝物流的发展以促进跨境贸易；2. 在数据保护的同时支持数字贸易和创新，确保个人的数据安全并促进东盟各国之间的数据流动，在此基础上刺激中小微企业的数字化发展；3. 实现无缝数字支付，推动跨境数字贸易和金融服务，扩大金融普惠服务人群，推进金融一体化，统一标准和程序；4. 增加数字人才的供应，提高现有劳动力的数字技能，各国要与私营·

续表

文件名称		文件要点
ASEAN Digital Integra-tion Framework	《东盟数字一体化框架》	部门合作,加快实施数字培训项目;5.培养创业精神,减少中小微企业的业务障碍,协助它们参与数字经济;6.协调各方行动,建立数字发展的协调机构,加速东盟数字一体化发展

第六章 | 中东欧数字"一带一路"发展

与"一带一路"沿线地区其他板块相比，整体上，中东欧地区数字经济发展的基础相对较好。新冠疫情暴发后，以电子商务、数字支付、大数据和云计算等为代表的数字产业快速发展。中东欧国家将数字经济作为经济复兴的重要抓手，出台了一系列数字经济政策。中东欧国家作为"一带一路"建设的重要伙伴，双方均将发展数字经济作为重要发展战略，在双边经济合作密切发展的基础上建立双边电子商务合作机制。在数字"一带一路"建设和中国—中东欧国家"17＋1合作"的总框架下，中国与中东欧国家的数字经济合作潜力巨大。

一、中东欧数字化发展现状

中东欧国家大多数是新兴经济体,数字基础设施和科技生态系统建设良好,互联网发展相对成熟,数字经济发展潜力大。与欧盟相比,中东欧国家总体上数字化水平还比较落后,并且面临发展不平衡的问题。新冠疫情促进了中东欧地区的数字经济发展,也加速了其数字化速度,电子商务、数字支付、智慧政府等领域蓬勃发展。

第一,数字基础设施建设发展态势良好。数字基础设施是数字化和创新的关键驱动力,发挥着至关重要的作用,中欧和东欧高水平的数字基础设施为数字经济提供了坚实的基础。例如,在网络通信方面,中东欧地区的 4G 网络覆盖超过 92% 的人口地区,47% 的家庭连接到固定宽带,23% 的家庭订阅了超高速宽带,这主要得益于罗马尼亚、克罗地亚、保加利亚和斯洛伐克等国家通信状况的改善。在支付价格方面,中东欧国家的网络价格低廉、成本较低,特别是在固定宽带上有一定价格优势。随着 5G 技术的发展,预计到 2024 年,中东欧将达到 19% 的 5G 覆盖率。新冠疫情后,所有国家的平均下载速度都有所提高，罗马尼亚、匈牙利和斯洛文尼亚的平均下载速度跃升幅度最大。其中，爱沙尼亚、立陶宛、罗马尼亚和斯洛文尼亚的平均下载速度超过了欧盟委员会设定的最低门槛 30 Mbps，奥地利和保加利亚的大多数城市也超过了 30 Mbps，而克罗地亚、捷克共和国、匈牙利、拉脱维亚、波兰和斯洛伐克则处于相对落后的位置。

第二，新兴数字生态系统蓬勃发展。中东欧地区的信息和通信技术企业快速增长，涌现出一批独角兽企业①和获得大笔融资的初创公司。2019 年，中东欧地区的独角兽企业总价值近 310 亿欧元，主要来自波兰、罗马尼亚、捷克、克罗地亚和立陶宛等国家。此外，一大批科技初创企业获得了超过 28 亿欧元的投资。游戏开发商、网络安全软件公司，尤其是金融科技公司成为该地区发展最快的公司。例如，波兰视频游戏开发商 CD Projekt Red 成为欧洲最大的游戏工作室，Avast、ESET 和 Bit-Defender 三大网络安全公司在全球拥有超过 10 亿用户，是整个中东欧地区人口的 59 倍。

第三，综合水平与欧盟有一定差距。欧盟委员会发布《2021 年数字经济与社会指数》(Digital Economy and Society Index 2021)报告，该指数使用 2020 年前两季度的数据追踪了欧盟各

---

① 独角兽企业指自 1990 年成立以来估值 10 亿美元的公司，也包括上市后市值跌破 10 亿美元大关的公司。

成员国在人力资本、网络连接、数字技术商业应用、数字公共服务等领域取得的进展，衡量欧盟国家的数字化水平。该指数包含已入盟的 12 个中东欧国家，即爱沙尼亚、保加利亚、波兰、捷克、克罗地亚、拉脱维亚、立陶宛、罗马尼亚、斯洛伐克、斯洛文尼亚、希腊、匈牙利。结果显示，欧盟地区各国在数字经济和社会发展方面都取得了进步，但仍然面临发展不平衡的难题。具体来看，欧盟中的中东欧成员国数字经济总体水平在欧盟中处于落后地位。在已入盟的 12 个中东欧国家中，仅爱沙尼亚、斯洛文尼亚和立陶宛三国综合得分高于欧盟平均线，其他部分国家排名比较靠后，希腊、保加利亚、罗马尼亚三国得分最低（见图 6-1）。

在数字化转型方面，数字技术集成指数（Digital Technology Integration Index，DTII）从产业数字化和电子商务两个指标来衡量欧盟成员国在数字技术整合方面的得分。数字转型推动者指数（Digital Transformation Enablers' Index，DTEI）从基础设施、融资渠道、相关技能的需求和供应以及创业文化等领域对欧盟成员国的有利条件和环境进行评分。从数字转型推动者指数看，中东欧国家中只有捷克和爱沙尼亚高于欧盟平均得分；从数字技术集成指数看，只有斯洛文尼亚、立陶宛和捷克高于欧盟 28 国平均水平，保加利亚、罗马尼亚、匈牙利、波兰、拉脱维亚等国排名垫底。（见图 6-2）

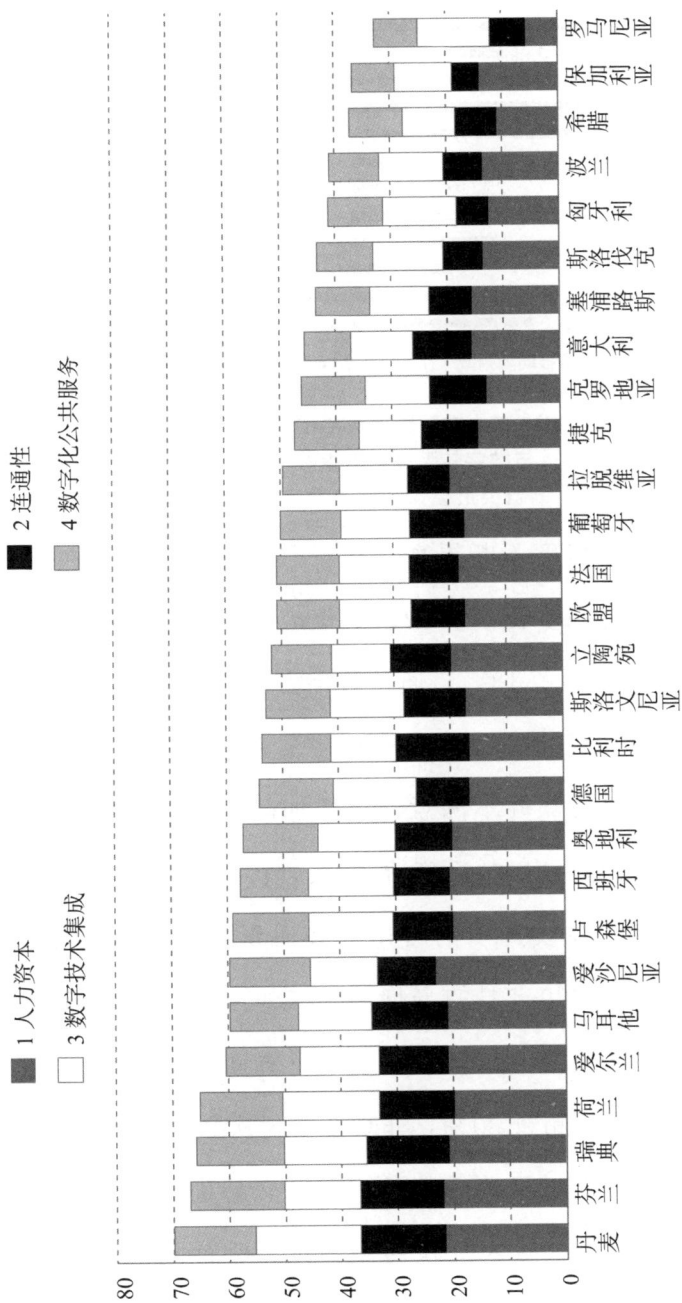

图 6-1　2021 年数字经济与社会指数排名

数据来源：DESI 2021，欧洲委员会

欧盟28国	49.2	37.3
保加利亚	33.8	22.5
克罗地亚	30.7	34.6
捷克	50.5	40.8
爱沙尼亚	49.7	31.6
匈牙利	39.9	23.5
拉脱维亚	25.2	22.7
立陶宛	42.7	44.1
波兰	32.0	21.6
罗马尼亚	22.2	18.6
斯洛伐克	34.6	30.2
斯洛文尼亚	40.0	46.0

■ 数字转型推动者指数（DTEI）　■ 数字技术集成指数（DTII）

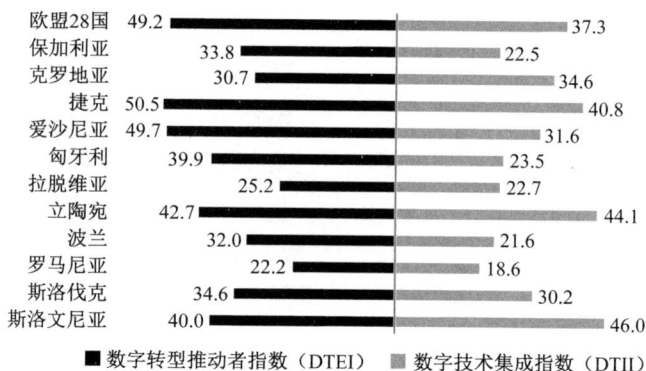

**图 6-2　2018 年中东欧国家数字技术集成指数
与数字转型推动者指数**
数据来源：欧盟委员会，2018 年数字化转型记牌

第四，数字化程度不断提高。在新冠疫情期间，中东欧国家的数字化水平进一步提高。在数字化应用方面，网上银行增加了 21％，零售增加了 18％，通过数字方式获得政府服务的用户增加了 13％。虽然中东欧地区民众在线获得公共服务的机会增加了一倍多，但民众并不满意，这更加凸显了政府服务数字化的重要性。（见图 6-3）在"后疫情"时代，民众可能会继续依赖数字服务，并将对在线选项的可用性和质量抱有更高的期望。在网上购物方面，2020 年捷克新增 2900 家网店，塞尔维亚全年线上销售额同比增长近一倍。在电子支付方面，2020 年，波兰非现金交易金额增长超过 30％，非现金支付次数首次超过现金。立陶宛电子货币和支付机构总数量、支付交易额和收入持续增长。在智慧政府方面，政府加快转型速度，爱沙尼亚、塞尔维亚、希腊、罗马尼亚、匈牙利等国都在推行智慧政务、电子税

务等的数字化解决方案。2020 年，爱沙尼亚同德国、国际电信联盟、数字影响联盟等签署协议，为数字政府合作建立全球高级别框架，帮助各国加速政府服务数字化。

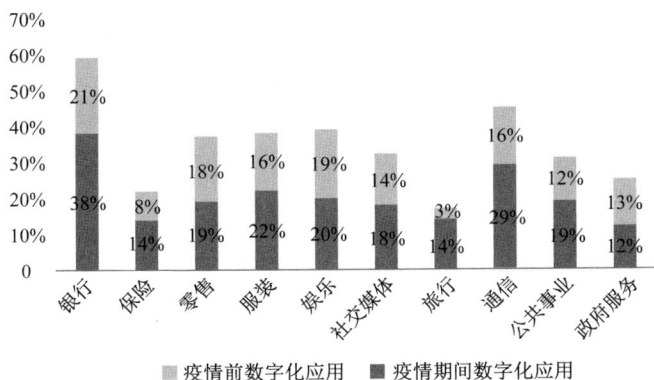

图 6-3 中东欧地区数字化应用情况

第五，数字经济发展态势良好。根据麦肯锡最新发布的《未来常态下的数字挑战者——中东欧国家的数字化增长引领之路》报告，在疫情暴发的前五个月里，中东欧地区数字经济的增长速度几乎达到前两年的两倍。① 2020 年 1 月至 5 月，中东欧地区数字经济增长超过 14%，达到 53 亿欧元，占 2019 年全年数字经济增长的 78%，在线用户人数增长了近 1200 万，比斯洛伐克、克罗地亚和斯洛文尼亚的人口总和还要多。据预测，若中东欧国家加速实现数字化转型，到 2025 年，数字经济产值预

---

① 报告分析的十个中东欧国家为保加利亚、克罗地亚、捷克共和国、匈牙利、拉脱维亚、立陶宛、波兰、罗马尼亚、斯洛伐克和斯洛文尼亚。

计达到 2760 亿欧元，比原发展模式下产值高出一倍。这表明中东欧国家数字经济具有很大的发展潜力。

二、中东欧数字化战略与行动

在区域层面，三海倡议（Three Seas Initiative，Trimarium，3SI 或 TSI）是促进中东欧区域数字合作的重要组成部分，其倡议成员国包括 12 个中东欧国家：奥地利、保加利亚、克罗地亚、捷克共和国、爱沙尼亚、匈牙利、拉脱维亚、立陶宛、波兰、罗马尼亚、斯洛伐克和斯洛文尼亚，致力于为数字经济、基础设施互通等关键领域的经济增长奠定坚实的基础。例如，跨境数字基础设施项目"三海数字高速公路"是"优先互连项目"之一，其目标是开发一个安全的由光纤和 5G 技术基础设施连接起来的数字基础设施。

此外，中东欧地区有 12 个国家加入欧盟，所以也受到了欧盟数字化的影响。欧盟制定一系列数字化转型战略规划，提升在数字领域的竞争力。2015 年欧盟委员会提出"单一数字市场战略"，2016 年欧盟正式推出"欧洲工业数字化战略"，2018 年欧盟公布《欧盟人工智能战略》。2020 年，欧盟发布了《塑造欧洲的数字未来》《欧洲新工业战略》《欧洲数据战略》《人工智能白皮书》等，旨在通过加大数字化领域投资提升欧盟数字经济竞争力。2021 年 3 月初欧盟发布了《2030 数字指南针：欧洲数字十年之路》纲要文件，包含欧盟到 2030 年实现数字化转型的愿景、目标和途径。2021 年，欧盟公布"地平线欧洲计划"，该计划投入 1000 亿欧元的预算，资助气候变化、数字化、环保等领域，以减少对外国技术的依赖，加速向数字化程度更高的欧洲转型。

目前大部分中东欧国家在欧洲数字议程框架下制定了各自的数字经济发展战略。在国家层面，2014 年，爱沙尼亚政府提出了《2020 年爱沙尼亚数字议程》发展规划，在促进在线治理网络安全、数字基础设施建设等方面提出了战略目标。2013 年，捷克政府发布《数字捷克 2.0——通向数字经济的未来之路》决议，旨在进一步发展现代信息和通信技术及服务。2014 年，波兰政府提出"2014—2020 数字波兰"计划，旨在加强波兰数字化基础，使波兰成为欧盟地区的领导者之一。2015 年，罗马尼亚政府通过了《2020 数字议程国家战略》，确定了电子政务、交互操作、网络安全、云计算和社交媒体，教育、文化和卫生领域的信息通信技术，电子商务中的信息通信技术以及信息通信技术领域的研究、发展和创新，宽带和数字基础设施服务等工作重点领域。

新冠疫情加速了中东欧国家数字经济的发展，中东欧国家普遍开始将加大数字基础设施投入列入疫后重要议程。新冠疫情后，为帮助成员国实现经济复苏，欧盟于 2020 年开始推行 7500 亿欧元复苏基金，通过该计划和长期财政预算，推动欧盟的绿色转型、数字转型、社会转型。2021 年第六届"三海倡议"峰会发布联合声明，宣布继续加强中欧和东欧地区在数字化、交通、能源领域的互联互通。在国家层面，2020 年希腊发布《2020—2025 年数字化转型白皮书》，涉及总金额达 60 亿欧元的 400 多个国家和地方层面干预的重点项目，以确保在 2020 年至 2025 年实现希腊社会和经济的数字化转型目标。

三、数字"一带一路"在中东欧地区的发展

作为两个重要的新兴市场，中国-中东欧国家合作机制开展了 10 年，目前，中国-中东欧国家领导人会晤已举行 8 次，并在 2021 年线上召开中国-中东欧国家领导人峰会，已在 20 多个领域建立了近 40 个合作平台，涵盖经济、基础设施和文化等多个领域，与"一带一路"倡议产生协同效应。

政策沟通方面，中国与中东欧国家之间关于数字经济的沟通不断深化，达成了一系列共识。中国与中东欧国家合作起源于 2011 年举办的首届中国-中东欧国家经贸论坛，由此搭建了多个机制化交流平台，推动双方在数字基础设施、跨境电商、

贸易投资等多领域的合作。① 2013 年《中欧合作 2020 战略规划》指出双方将进一步拓展经贸投资、互联互通、数字经济、科技创新、绿色发展、人文交流、G20 及全球治理等重点领域合作。2015 年《中国-中东欧国家合作中期规划》提出"鼓励开展跨境电子商务等新的商业业态""支持在物联网、大数据、下一代互联网方面开展合作"。2021 年 2 月，习近平总书记在中国-中东欧国家领导人峰会上，提出中国与中东欧国家一同抓住新业态，拓展在数字经济、电子商务、健康产业等领域合作，推动建立中国-中东欧国家电子商务合作对话机制和中国-中东欧国家公众健康产业联盟。《"十四五"数字经济发展规划》中提到，推动"数字丝绸之路"深入发展，加强统筹谋划，高质量推动中国-中东欧数字经济合作。

设施联通方面，中国通过云计算、区块链、5G、大数据等新型技术服务体系为中东欧国家数字经济发展赋能。在数据服务领域，2018 年，阿里云与中东欧地区最大的 IT 硬件和消费电子分销商 ABC Data 达成战略合作，为中东欧地区的波兰、捷克共和国、爱沙尼亚、匈牙利、拉脱维亚、立陶宛、罗马尼亚和斯洛伐克 8 个国家提供一系列的阿里云产品和服务，其中涉及弹性计算、数据存储、网络、IoT 物联网、大数据、人工智能等，

① 姜志达、王睿：《中国与中东共建数字"一带一路"：基础、挑战与建议》，载《西亚非洲》，2020 年第 6 期。

以帮助当地加速数字化转型。塞尔维亚在人工智能、智慧城市等多领域与华为公司展开合作。2020年,塞尔维亚内政部与华为达成合作协议,将为该国引入华为的eLTE无线宽带技术和智慧城市公共安全系统。同年,华为与塞尔维亚信息技术与电子政务办公室签署协议,成为克拉古耶瓦茨(Kragujevac)国家数据中心的商业合作伙伴之一。此前,华为与塞尔维亚政府分别签署了网络发展战略合作协议和智慧城市项目谅解备忘录。在智慧交通领域,2021年,华为匈牙利子公司与匈牙利东西联运物流公司及英国电信运营商沃达丰匈牙利公司签署了建设东西门场站的合作协议,该项目将建设欧洲首个使用5G专用网络管理的智慧铁路港。在智慧网络领域,2021年,华为帮助希腊国家银行(NBG)网络基础设施改造升级,使网络带宽提高了100倍,从100 Mbit/s提高到10 Gbit/s(并能够平滑升级到100 Gbit/s)。在区块链领域,2019年,中国-中东欧国家区块链卓越中心成立,旨在将区块链和DLT(分布式账本)技术从早期市场带入主流应用市场,为新能源智能汽车、智能电表互联网化、电子消费服务等领域的新技术新产品提供更多的应用机会。在国际化科技服务方面,中国-中东欧国家区块链卓越中心还将与中科大洋、索贝、阿里云、网宿科技等现阶段较成熟的渠道服务提供商进行合作。目前,中国-中东欧区块链中心是"一带一路"合作的重要平台,在加强中国-中东欧经贸合作、促进首都高精尖产业发展、推动金融科技领域技术革新等方面发挥重要作用。

贸易畅通方面，"丝路电商"已成为双边经贸合作的新渠道和新引擎。相关数据显示，2017—2019 年，中国与中东欧跨境电商零售贸易额从 2.5 亿美元增长到 4.9 亿美元，年递增39.8％，是同期中国与中东欧国家货物贸易增速的近 3 倍。① 在与中国地方政府的合作方面，2021 年 1—5 月，杭州地区与中东欧国家间跨境电商渠道进出口商品货值总额达 3.96 亿元，同比增长 2.7 倍。截至 2021 年 6 月，宁波跨境电商零售进口中东欧国家商品已累计申报 380 万单，交易额高达 7.2 亿元人民币，其中 2021 年已累计申报 77.8 万单，交易额达 1.5 亿元人民币，同比增长 31％。② 在跨境电商领域，跨境电商正成为推动中国与中东欧国家经贸合作发展的新引擎。目前，中国企业与中东欧国家在跨境电商、海外仓等领域积极开展合作。以阿里巴巴旗下跨境零售电商平台速卖通（AliExpress）为例，速卖通是中东欧最大的跨境电商平台，在匈牙利、克罗地亚、斯洛伐克、保加利亚等国家排名第一，在波兰和罗马尼亚排名第二。2020年，其在中东欧的商品销售总额年同比增长近 30％。2021 年 10月，速卖通宣布将在波兰帕纳托尼公园（Panattoni Park Łódz West）建设中东欧地区的第一个物流中心，其将支持卖家存贮库

---

① 《跨境电商合作空间广动力足 中国中东欧共享数字发展红利》，载《国际商报》，2021-06-18。

② 《中国与中东欧国家连起"新丝路"》，载《中国青年报》，2021-06-10。

存，并直接从该地发货，从配送中心发出的货物将在 1～3 天内到达波兰任何地方。速卖通在波兰和捷克两国设有 3 个海外仓，可覆盖整个中东欧市场，为消费者提供 3～7 天收货的物流体验。同时，速卖通将国内成熟的直播带货模式引入波兰等中东欧国家，带动了社交电商生态发展。此外，在海关贸易安全与便利化合作方面，中国-中东欧国家海关信息中心、中欧陆海快线沿线国家通关协调咨询点建设取得积极进展，截至 2022 年 2 月，已发布信息 4134 篇（条），访问量突破 10 万次，受理互动交流咨询 156 余件，"智慧海关、智能边境、智享联通"合作试点顺利开展。①

资金融通方面，2016 年成立的中国-中东欧金融控股公司，是中国在中东欧地区成立的第一家商业性多边金融机构，其旗下的中国-中东欧基金吸引资金规模达 100 亿欧元，重点关注电信、基础设施、能源、高新技术制造等行业的投资合作机会。

民心相通方面，中国与中东欧国家的人文交流与合作日益加强。借助互联网技术，通过贸易对接会、直播带货等一系列活动，中东欧国家找到了在疫情之下拓展中国市场的新渠道。2021 年，第二届中国-中东欧国家博览会暨国际消费品博览会走上"云端"，超过 200 家全球健康领域的跨国公司高管和科研机

① 海关总署：《海关总署全面落实中国-中东欧国家领导人峰会共识取得显著进展》，http://harbin.customs.gov.cn/customs/xwfb34/302425/4167913/index.html，2022-04-25 访问。

构负责人在线上参会。① 在经验交流方面，2019 年，中国-中东欧国家高级别金融科技论坛上，与会人士围绕如何在金融科技领域开展合作、利用金融科技促进经济发展等议题展开深入讨论。第二届中国-中东欧国家博览会，中国与阿尔巴尼亚、匈牙利、黑山、塞尔维亚、斯洛文尼亚五个中东欧国家共同启动了中国-中东欧国家电子商务合作对话机制，有助于各方加强电商领域对话交流，探索新合作模式。在数字人才培养方面，2013 年来，华为在中东欧 16 个国家培养了 15000 余名通信技术人才，为中东欧国家数字化经济发展及转型培养人才，完善人才供应。

四、中国与中东欧数字"一带一路"合作的挑战与推进路径

在数字"一带一路"以及中国-中东欧国家合作机制下，中国与中东欧国家在数字经济领域的合作项目不断增加。但是，中国与中东欧国家的数字合作也面临一些具体的挑战。

第一，中国与中东欧国家的数字合作面临激烈竞争，美国、日本等伙伴都在加强与中东欧国家的数字合作。例如，美国《跨

---

① 2021 年中东欧博览会 . https://www. cceecexpo. org/news/view. html？id＝5935&lang＝cn，2022-04-25 访问。

大西洋电信安全法案》(Transatlantic Telecommunications Security Act)授权美国国际开发金融公司为中东欧国家的 5G 电信基础设施部署提供资金。此外，美国在中东欧地区大力推行其"清洁网络"计划，中东欧国家在美国的游说和压力下，将华为等中国公司排除在 5G 市场之外。

第二，中东欧国家各国的数字需求差异明显，并且各个国家当地的标准、地方性法规和法律框架也不同。此外，中东欧地区有 12 个国家是欧盟成员国，因此，与中东欧国家开展数字经济合作可能面临欧盟《通用数据保护条例》(General Data Protection Regulation，GDPR)、《数字服务法案》(Digital Services Act，DSA)与《数字市场法案》(Digital Market Act，DMA)等在网络安全和数字治理等方面的规制。

第三，中东欧国家的数字人才优势在减弱。中东欧国家科学、技术、工程和数学(STEM)学科的毕业生人数从 2016 年的 23.4 万人下降到 2018 年的 21.6 万人。此外，由于中东欧国家与欧洲发达国家之间的收入差距，ICT 人才有可能向发达国家流动，这将对中东欧国家的数字化进程产生不利影响。

针对这些困难和挑战，本章就更好地促进中国与中东欧在数字"一带一路"领域的合作提出一些建议：

第一，中国应基于中东欧各国数字经济发展阶段和特点，突出合作重点领域。例如，中东欧新型数字经济基础设施还比较薄弱，部署 5G 城市和开展 5G 试验数量总体较少，使得数字"一带一路"地区内的协调难度大。目前，中东欧地区存在民众不愿支付额外费用来获取更高速度的情况，因此根据预测，到 2024 年中东欧地区的 5G 普及率，远远达不到欧盟"数字领跑者"和欧洲五大国（法国、德国、意大利、西班牙和英国）的一半。① 中国和中东欧国家的合作尤其要注意其数字经济发展急需的 5G、物联网等新型通信技术和网络建设。

第二，以中东欧数字经济劳动力市场需求为导向，有针对性地制订"中东欧数字人才培养计划"，实现中东欧地区人才发展与数字产业培育有机匹配和深度融合。数字经济发展及数字经济基础设施建设都依赖于数字技术人才，同样也需要普通民众的数字技能水平的提高。据欧盟统计，2019 年缺乏信息和通信技术专家的欧盟大型企业占比达 46%。2012—2019 年，欧盟企业通信技术类人才缺口以每年 2% 的速度递增。为培养具有数字化技能的劳动者，欧盟推出一系列支持政策。欧盟分别在"里斯本战略"和"欧盟 2020 战略"中将数字人才作为十年发展规划的重要内容，并将数字人才培养列入欧洲投资计划的优先领域。因此，中国可以利用自身的人才和技术优势，积极开展数字经

① 2018 年，McKinsey 公司根据数字化的程度将欧盟国家划分为"数字领跑者""数字挑战者""欧洲五大国"。其中，"数字领跑者"为比利时、丹麦、爱沙尼亚、芬兰、爱尔兰、卢森堡、荷兰、挪威和瑞典，这些国家在数字化领域处在领先地位。

济人才合作项目。例如，第九届中国-中东欧国家经贸论坛上，华为宣布启动“千梦计划”，计划在未来五年内在 16 个中东欧国家(包括波兰、爱沙尼亚、拉脱维亚、立陶宛、罗马尼亚、保加利亚、匈牙利、捷克、斯洛伐克、斯洛文尼亚、塞尔维亚、克罗地亚、波斯尼亚和黑塞哥维那、黑山、北马其顿和阿尔巴尼亚)培训 1000 名 ICT 人才。作为中东欧的旗舰社会贡献计划，“千梦计划”旨在为该地区的青年科技人才提供长期和可持续的平台，并鼓励他们在 ICT 领域工作，帮助他们的国家在未来建立一个智能社会。

第三，充分发挥各地方政府的主动性，通过现有的“地方领导人会议”“市长论坛”等平台，加强与中东欧国家的数字经济合作。以浙江省为例，自 2015 年以来宁波已连续承办四届中国-中东欧国家投资贸易博览会。2017 年，首个中国-中东欧国家经贸合作示范区落户宁波。2020 年，宁波《关于建设宁波中国-中东欧国家经贸合作示范区的总体方案》发布，提出实施跨境电商中东欧拓市行动，深化拉脱维亚(宁波)跨境电子商务港湾、匈牙利邮政跨境电商等项目建设。落实跨境电商零售出口“无票免税”政策，开展跨境电商零售出口企业(平台)所得税“核定征税”政策试点。率先开展对中东欧市场跨境电商 B2B2C 出口业务，争取实现 2021 年至 2025 年，累计完成中东欧国家跨境电商贸易额年均增长 30％等目标。

　　第四，加大对数字经济基础设施建设的金融支持力度，改善相关项目融资条件，充分发挥亚投行、中国-中东欧基金等金融平台的金融支持作用。中东欧地区基础设施融资需求巨大，尤其是在数字基础设施建设方面。国际货币基金组织（IMF）发布了一份有关中东欧的研究报告，报告指出中东欧国家的基础设施投资与西欧相比存在1.15万亿欧元的差距，需要优先投资于实现数字化、智能经济目标的数字基础设施项目，改善地区互联互通，使其达到欧洲较发达国家的水平。中国可以针对中东欧国家在数字基础设施建设方面的需求，为相关企业提供支持，拓展其资金来源，深化数字经济金融合作。

第七章 | 非洲数字"一带一路"发展

　　非洲国家的数字经济发展潜力巨大，非
洲的互联网越发普及，智能手机也快速发
展，电子商务方兴未艾，数字支付平台日趋
完善。在"后疫情"时代，许多非洲国家纷纷
出台相关的数字经济发展战略，刺激了非洲
的数字经济发展。在此背景下，中非共建数
字"一带一路"在数字经济战略和政策领域十
分契合。并且，非方的高层重视数字化转
型、基础设施改进，消费市场潜力大，中方
具备丰富的数字经济发展经验和技术，可供
非洲借鉴。这些机遇不仅为非洲各国以公
平、合理的方式融入全球产业链与价值链，

而且为中国共享数字化转型带来的变化红利创造了有利条件。未来，中非需要克服在共建数字"一带一路"方面的障碍，通过助力非洲改善数字基础设施建设、加强中非电商合作、加大对非洲数字化人才培养、加强中非在数字安全领域的交流与合作等，不断释放数字经济发展潜力，打造中非命运共同体。

一、非洲数字化发展现状

数字经济在欧美和东亚迅速发展，并且已向非洲扩展。非洲的互联网越发普及，智能手机也快速发展，更多的人能够享受到移动互联网络，电子商务方兴未艾，数字支付平台日趋完善。这一系列的有利条件，都刺激了非洲数字经济的飞速发展。

第一，非洲的互联网越发普及。非盟和欧盟在 2019 年共同发布的数字经济报告指出，非洲在数字化方面发展迅速。在过去十年中，非洲大陆的互联网接入增长率是全球最高的，从 2005 年的 2.1％上升到 2018 年的 24.4％。根据 GSMA 的数据，2020 年，撒哈拉以南非洲 81％的国家和地区基本覆盖了 3G 网络，51％覆盖了 4G 网络，0.4％覆盖了 5G 网络。（见表 7-1）在互联网连接质量方面，2021 年南非以 100 分位居非洲国家之首，其次是毛里求斯（96.56 分）、埃及（95.42 分）、肯尼亚（89.60）和突尼斯（88.60）。据统计，2020 年，撒哈拉以南非洲约有 3 亿人通过手机连接到互联网，约占人口总数的 28％，高于 2014 年的 1.2 亿人。世界银行下属的国际金融公司（IFC）指出，自 2000 年以来，整个非洲拥有互联网接入的人数已跃升为 5.2 亿以上，占总人口的 40％。如果改善互联网接入以覆盖 75％的人口，可以再创造 4400 万个工作岗位。2010 年至 2019 年，超过 3 亿非洲人获得了互联网接入，并拥有近 5 亿个新的智能手机连接。

表 7-1　撒哈拉以南非洲的移动互联网连接

年份	3G 覆盖率	4G 覆盖率	5G 覆盖率
2014 年	49％	5％	0
2015 年	52％	8％	0
2016 年	58％	16％	0
2017 年	64％	19％	0
2018 年	71％	28％	0
2019 年	76％	41％	0
2020 年	81％	51％	0.4％

数据来源：GSMA

　　第二，非洲移动通信技术和服务快速发展。非洲是世界上智能手机发展最迅速的地区。由于智能手机可降低上网成本，非洲人更多地使用智能手机。根据 GSMA 的数据，2015 年至 2020 年，撒哈拉以南非洲地区的智能手机普及率翻了一番多。

截至 2020 年年底，撒哈拉以南非洲地区有 4.95 亿人使用移动手机服务，占该地区人口的 46％，比 2019 年增加近 2000 万。预计到 2025 年，新用户将在 1.2 亿左右，用户总数将达到 6.15 亿（占该地区人口的 50％）。

同时，非洲移动通信市场创造的价值大。2020 年，移动技术和服务为撒哈拉以南非洲地区创造了超过 1300 亿美元的经济增加值（占 GDP 的 8％），预计到 2025 年，这一数字将达到 1550 亿美元。GSMA 报告称，2016 年，移动经济占非洲国内生产总值的 6.7％，价值 1530 亿美元。到 2020 年，这一比例达到 7.6％（2140 亿美元）。同时，与技术相关的关键部门的生产率提高。预计到 2025 年，非洲的金融服务、教育、卫生、零售、农业和政府部门的收入将达到 1480 亿美元至 3180 亿美元。

第三，非洲的电子商务平台兴起。在非洲，电子商务自 2010 年开始进入市场。目前，非洲的电子商务有着巨大的发展空间和用户需求。由于非洲的地理位置、薄弱的交通基础设施和资本市场阻碍了实体零售业的快速扩张，因此，就社会地理传播而言，非洲应该非常适合电子商务、远程销售的发展。例如，2018 年，美国每 100 万居民拥有 930 家实体零售店，欧洲每 100 万居民拥有 568 家实体零售店，拉丁美洲每 100 万居民拥有 136 家实体零售店。但是在非洲，每 100 万人只有不到 15 家正规零售店。这种极低的渗透率表明，在许多非洲国家，电子商务将超越实体零售。① 跨境电商技术公司 Eshopworld 指出，2017 年南非有 1830 万电子商务用户，到 2021 年有 636 万用户在线购物，平均每人在线消费 189.47 美元。Statista 指出南非 2018 年的电子商务营业额为 12450 亿南非兰特（30 亿美元）。② 2017 年，非洲电商市场规模已达 160 亿美元，预计未来 10 年非洲电商年均增速可达 40%，在 2025 年规模将达到 3000 亿美元。世界经济论坛预测，到 2025 年，非洲的电子商务将创造 300 万个新就业岗位。

非洲的大多数电子平台都是由非洲人拥有和运营的。尼日利亚、埃及、肯尼亚、南非等国家电子商务发展较快，分别出现了 Jumia、Souq、MallforAfrica、Kilimall、Takealot 等电子商务平台，其他本土电子商务平台仍然处于酝酿期。③ 其中，2012 年在尼日利亚成立的 Jumia，被称为"非洲的亚马逊"，在 2019 年 4 月首次公开募股（IPO），成为纽约证券交易所的第一个非洲"独角兽"，净筹资 1.96 亿美元，首日市值达 39 亿美元。

第四，非洲的数字支付平台日趋完善。数字支付可以允许

---

① SCAP World Bank Trade Cost Database and Boston Consulting Group (BCG) Analysis，2019. Very Few African Countries Have a Large Bricks-and-Mortar Retail Sector-the Exception is South Africa.

② Anna Wadolowska. South Africa Commerce Insights 24.79 Million Online Shoppers By 2021，Eshopworld，September 18，2019.

③ 黄玉沛：《中非共建"数字丝绸之路"：机遇、挑战与路径选择》，载《国际问题研究》，2019 年第 4 期。

在手机设备之间转移资金，用户无须连接到正式的银行系统即可收款、取款和汇款。移动互联网技术的进步推动了移动手机支付成为非洲的新型金融服务形式。截至 2018 年 12 月，全球移动货币交易总额的三分之二是由撒哈拉以南非洲用户推动的，非洲移动交易额超过 250 亿美元。2017 年，该地区登记了大约 135 个不同的移动货币实施机构和 3.38 亿个账户。以 M-PESA 为代表的移动支付是非洲最成功的移动货币服务，也是该地区最大的金融科技平台。由于它的安全性和便利性，M-PESA 成为非洲大陆上银行和非银行支付的首选方式。研究表明，M-PESA 的使用具有减贫效应。联合国的报告指出，金融数字化为加强普惠金融、与《2030 年可持续发展议程》和落实社会发展目标保持一致提供了新的可能性。在肯尼亚，移动货币的普及使该国 2% 的家庭脱离了贫困线。[①]

二、疫情后非洲数字经济发展趋势及动态分析

当前，非洲数字经济的日益兴起，成为非洲参与第四次工业革命的重要方式。"后疫情"时代，许多非洲国家纷纷出台相

---

① United Nations. Financing for Development：Progress and Prospects 2018-Report of the Inter-Agency Task Force on Financing for Development，New York：United Nations，2018.

关的数字经济发展战略。

在区域层面,非盟是号召各国参与非洲数字经济建设的领导者。事实上,非盟在 2015 年制定的《2063 年议程》是非洲本土制定的、关于非洲包容性增长与可持续发展的共同战略框架,明确了发展非洲信息通信技术与数字经济的愿景,旨在将非洲各国打造成整合型的数字经济体。此后,非盟通过不断出台具体的数字经济发展方案——泛非数字网络(Pan-African E-Network)和网络安全(Cyber Security),推动着非洲大陆宽带网络基础设施建设。2020 年 2 月,非洲联盟峰会宣布,将电子商务纳入非洲大陆自由贸易区协定,并将通过第三阶段谈判进行整合。这一决定将为非洲国家制定规则促进更多区域性跨境电子商务铺平道路,为整合整个非洲大陆的电子商务规则和法规并就此进行公开讨论提供了机会。这是非洲成为全球贸易参与者、让非洲大陆的声音被听到的机会。2020 年 5 月非盟专门制定了《非洲数字化转型战略(2020—2030 年)》[The Digital Transformation Strategy for Africa(2020—2030)],作为转变非洲大陆经济和社会的蓝图和总体计划,旨在通过数字经济来实现可持续发展目标。其中,该战略规定了非盟成员国在电子商务、电子合同、个人数据保护、电子广告和电子交易安全等方面应采取的标准、原则和行动。同样,该战略专门提出了与电子商务有关的政策目标,其中包括:建立与非洲大陆自由贸易区协定一致的大陆数字单一市场；在大陆一级建立电子商务监管框架；建立一个单一的非洲支付区；以及诸如包裹运送和付款等挑战的解决方案。世界银行到 2030 年将为该战略投资 250 亿美元，重点发展电子商务。

"后疫情"时代，非洲各国都相继公布或者更新了本国的数字化转型战略，或将其纳入原有的经济发展战略中，发展数字经济逐步成为非洲国家的共识。例如，南非于 2014 年、尼日利亚和肯尼亚分别于 2019 年引入立法，对通过电子渠道或交易平台进行的某些类型交易征税。埃及通过了相关的电子商务战略，卢旺达和乌干达等国家也已将促进电子商务纳入国家数字政策和战略。2020 年后，也有一大批非洲国家相继公布或更新了本国的数字化战略，表明发展数字经济已经成为非洲国家的共识。2020 年 6 月 15 日，埃塞俄比亚政府通过了《国家数字转型战略——2025 年埃塞俄比亚数字化》(National Digital Transformation Strategy—Digital Ethiopia 2025)，该战略的重点是建立支持数字经济的基础设施。肯尼亚在继续推行"数字蓝图"计划 (The Digital Economy Blueprint)，旨在利用技术来创建一个非洲单一的数字市场，包含非洲大陆 24 个国家/地区的 6 亿人口。在 2020 年 3 月，阿尔及利亚决定加快实行本国的"数字转型倡议"(Digital Transition Initiative)。摩洛哥表示将继续推动"摩洛哥数字"(Maroc Digital)，以巩固摩洛哥作为区域数字中心的地位,增强其数字技能和治理水平。同时,在疫情期间,摩洛哥采取了一系列数字措施,不仅快速开通了疫情通报官网,有效传递了疫情发展情况与防控措施变化,避免了民众的恐慌情绪,而且大力发展线上国民教育。埃及为落实"数字埃及"计划(Digital Egypt Project),决定在下一个财年(2020—2021)预算中拨款127亿埃及镑(合7.97亿美元)用于本国逐步实现数字化转型。

此外,数字支付成为非洲发展数字经济的热点。肯尼亚央行力推的M-Pesa已成为世界银行推荐的可持续普惠金融的样板。疫情下,肯尼亚政府进一步加大了对数字化金融的鼓励力度,鼓励使用手机进行无现金支付的措施,并与银行和移动货币运营商进行谈判,以消除小额交易的费用(低于10美元的交易,但有些也取消了大笔交易的费用)。2020年6月,苏丹财政部部长宣布苏丹将加入联合国数字支付联盟(Better Than Cash Alliance),从现金交易转向数字支付,致力于建设包容性经济发展。尼日利亚央行在2020年4月决定在全国范围内推行"无现金政策"(Cashless Policy),希望通过移动支付等方式压缩现金管理成本,降低现金使用风险,打击非正式经济、洗钱与政府腐败。2020年5月,加纳成为非洲国家中首个推出数字金融政策(Digital Financial Services)的国家。

在电子商务领域,非洲国家通过多种方式,促进电子商务的发展。第一,发展或更新国家电子商务发展战略。例如,塞内加尔加快实施《塞内加尔国家电子商务发展战略》(Senegal National E-commerce Development Strategy)，该国商务部部长于2020年6月16日正式启动了电子商务参与者联盟，以增加可用电子商务服务的信息和广告。卢旺达政府采取措施，提高公民对电子商务的认识和信任，积极与利益相关方和私营部门合作，对第三方电子商务市场进行持续评估，并定期公布符合预定义标准的第三方市场。第二，增加互联网接入。例如，莱索托的移动和电信公司降低了访问教育网站和内容的互联网费用，以帮助学生在疫情封锁期间得以在线学习。突尼斯的三家电信运营商在封锁期间为远程教育第三方市场提供了免费互联网接入，减少夜间的移动数据访问费用。第三，鼓励使用电子支付。在卢旺达，中央银行暂停移动货币收费3个月。在塞内加尔，为了鼓励人们使用数字支付系统，在疫情暴发高峰期取消了一些移动支付费用。在突尼斯，中央银行通过取消自动柜员机的操作费用，减少银行的现场服务，并鼓励银行发行更多的支付卡。第四，发展电子商务物流。马里为了确保本国的产品供应，尽管在疫情期间决定关闭边境，但仍允许运输必需品的车辆和飞机进入。在尼日尔，全国各地维持了所有运送和后勤业务。在突尼斯，封锁期间市场上还出现了新的快递和物流服务公司。第五，改善电子商务营商环境。在卢旺达，政府启动了一项为期两年、规模为1000亿卢旺达法郎的综合性经济复苏基金，旨在为受新冠疫情影响最严重的部门的企业提供资金支持，并促进基本卫生产品和防护设备的国内生产。在国家层面之外，西非经济和货币联盟也积极采取措施，例如，西非国家中央银行每周向货币市场注入3400亿法郎，增加市场流动性等。

总的来说，发展数字经济在疫情后更是成为非洲国家的共识，依托数字技术的各类新业态开始在非洲蓬勃发展。

为客观而全面地把握非洲国家数字经济动态，本研究采取了人工追踪和大数据追踪两种方法，对国际主流智库进行大数据搜集与分析。人工追踪以"非洲国家＋Digitalization/Digital/ICT/E-payment/E-commerce/"作为关键词，在54个非洲国家的政府官网和Google搜索平台上同时搜索相关信息。大数据追踪以"Africa＋Digitalization/Digital/ICT/E-payment/E-commerce"作为关键词，分别以全球229家主流智库和全球主流新闻媒体库作为数据源，进行多语种的数据搜索和清洗。通过人工追踪和大数据追踪，共获得非洲政府的有效数据近100条，主流智库的有效数据近50条，媒体数据43108条。所获得的数据90%以上以英语为主，但也包括阿拉伯语、西班牙语、葡萄牙语、德语、意大利语、俄语、韩语、日语等语种。通过梳理，国际上对非洲国家数字经济发展的动态解析如下：

第一，疫情将推动非洲走向创新和数字化，中小企业将发挥积极作用。多篇智库的文章指出，尽管疫情在社会、经济、公共卫生等层面对非洲造成很大冲击，但是疫情期间非洲的电子商务、数字贸易等领域得到发展。人们在疫情暴发期间所依赖的数字服务，例如，在线市场、无现金支付、非接触式交付和实时流传输，在现在和以后将变得无处不在。数字经济将在疫情之后的全球经济复苏中发挥越来越重要的作用，建立在数字经济基础上的生态系统具有弹性和敏捷性，能促进经济反弹。

这些文章进一步指出，中小企业会对数字化经济的发展起积极作用。数字经济区别于传统的零和博弈商业模式的特点，即侧重于共享价值的创造。因此，在这场数字化经济发展浪潮中，特别需要关注新兴市场经济体中的中小企业和企业家的崛起，因为他们是社会创造就业和经济贡献的骨干以及经济复苏过程中的开拓者；企业能激发社会的流动性，从而增加边缘化人群参与经济的途径。

第二，非洲发展数字普惠金融的机遇和挑战并存。多家智库出台报告认为，疫情暴发会增加数字金融的推广并将更多人纳入数字经济的机会。数字金融服务的机遇在于移动货币、金融科技服务和网上银行的发展可以使无法利用传统金融机构的低收入家庭和小企业受益。数字金融服务还会带来普惠金融促进经济增长。如今许多非洲国家也正在采取措施推进数字金融服务的使用，例如，肯尼亚通过发展基于移动运营商开发的手机银行业务 M-Pesa，为无数被正规金融排斥的用户提供了小额支付、汇款、贷款等多种金融服务。自 2006 年以来，获得金融服务的肯尼亚人口比例已从 26％激增到 82％以上。政府机构也接受了在线支付，这一发展增强了公众对数字金融服务的信心。如今，肯尼亚中央电子政务平台（eCitizen）上超过 90％的付款都涉及移动货币。

　　同时，报告也指出要确保数字金融真正为人民服务，还需要有效的监管和适当的法律框架。例如，监管机构需保护数据隐私和网络安全，防止非法资金流动、数据收集的不良做法，保护消费者安全；解决移动网络覆盖范围问题、互联网连接问题以及数字和金融素养问题，弥合国家之间和国家内部的数字鸿沟。

　　第三，非洲数字经济发展受到通信技术基础设施不足的制约。国际智库发表文章指出，制约非洲数字经济发展的重要因素是信息通信技术基础设施有限。非洲的洲际光纤和海底光缆连接不足，宽带网络服务不稳定且费用高。在非洲，3G 和 2G 仍是主要使用的移动通信技术，2018 年年底 4G 网络覆盖率仅为 7％，远低于全球平均水平 44％。

　　文章进而认为，要填补数字鸿沟、发展数字基础设施，就需要更多的资金投入。然而在疫情暴发后，全球经济下行，私人投资减少，已有超过 1000 亿美元的资金流出新兴市场。传统的西方援助国更加转向国内建设，消减了对非洲的援助。非洲各国政府的预算也逐渐收紧。所有这些因素都对实现在非洲提供普遍且负担得起的互联网接入以及全面推广数字技术提出了真正的挑战。

　　第四，非洲的数字化人才缺乏。世界经济论坛指出，目前非洲缺少必备的——在第四次工业革命中取得成功的——人口红利。目前，在整个非洲，只有不到 4％ 的人口拥有大学学位，非洲的高中辍学率超过 30％，是全球平均水平 13％ 的两倍以上。此外，教育仍然集中在社会科学和人文科学领域，对于第四次工业革命至关重要的 STEM 领域（即科学、技术、工程、数学领域）人才培养不足。这造成非洲大陆的数字化需求、劳动力市场所需技能与非洲教育系统提供的技能之间的不匹配日益加剧。非洲需要消除这些教育差距、改革教育体系，从而为第四次工业革命做好准备并获得数字化红利。

第五，非洲需要在数字基建、网络安全、教育等领域做出长足努力。为了释放非洲数字经济发展活力，克服数字基础设施落后和数字化人才不足等挑战，多家智库提出多项建议。布鲁金斯学会建议，非洲各国需要对教育和再技能计划进行投资；加强国家和机构的能力；提升数字基础设施水平。世界经济论坛建议，在教育方面，非洲国家必须采取教育和技能开发的国家战略，不仅要侧重于青年，而且还要侧重于辍学者、非正规经济工人以及经济和社会处境不利的工人。南非金山大学建议，南非政府需要做好数字化准备、为其自己的软硬件产品建立市场、疏通数字连接、提升数字交易能力、提高人民的数字技能、提高物流水平，从而为数字经济的成功发展铺平道路。

三、数字“一带一路”在非洲地区的发展

自 2000 年中非合作论坛成立以来，中国和非洲国家的合作发展迅速，数字经济、新基建等新兴领域的合作在不断拓展。依托数字“一带一路”的建设，中国积极帮助非洲国家弥合“数字鸿沟”，逐渐成为推动非洲实现数字化转型的重要力量。

政策沟通方面，中国和非洲国家在数字经济领域十分契合。目前中国已经同 52 个非洲国家和非盟委员会签署了共建“一带一路”合作文件，占与中国签署“一带一路”合作协议国家总数的四分之一。2019 年，《中非合作论坛—北京行动计划（2019—2021年）》进一步提出，中非双方将“分享信息通信发展经验，共同把握数字经济发展机遇，鼓励企业在信息通信基础设施、互联网、数字经济等领域开展合作”。[①] 2021 年 8 月，在中非互联网发展与合作论坛上中国宣布与非洲国家共同制订并实施“中非数字创新伙伴计划”，并就此提出六点建议：加强数字基建、发展数字经济、开展数字教育、提升数字包容性、共创数字安全、搭建合作平台。中非将共同设计未来三年数字领域务实合作举措，并纳入

---

① 外交部：《中非合作论坛—北京行动计划（2019—2021 年）》，http://russiaembassy. fmprc. gov. cn/web/gjhdq_ 676201/gjhdqzz _ 681964/zfhzlt _ 682902/zywj_ 682914/201809/t20180905_9387539. shtml，2022-04-28 访问。

中非合作论坛新一届会议成果文件，推动中非数字合作再上新台阶。① 2021 年 11 月，中非合作论坛第八届部长级会议上中非双方共同制订了《中非合作 2035 年愿景》和《中非合作论坛—达喀尔行动计划（2022—2024）》，宣布中国将为非洲援助实施 10 个数字经济项目，建设中非卫星遥感应用合作中心，拓展"丝路电商"合作等。②

设施联通方面，中国积极帮助非洲国家开展数字基建、智慧应用等领域的建设。截至 2021 年 11 月，中国建设了非洲 50％以上无线站点及高速移动宽带网络，累计铺设超过 20 万千米光纤，网络服务覆盖近 7 亿用户终端，服务超过 9 亿非洲人民；中非共同在南非建立了服务整个非洲区域的公有"云"，以及首个 5G 独立组网商用网络。在数据服务上，中方提供融资和技术支持的塞内加尔国家数据中心已正式启用。在中国公司技术和设备的帮助下，塞内加尔、津巴布韦、赞比亚、多哥、坦桑尼亚、莫桑比克、马里和马达加斯加等非洲多个国家正在修建或者修建完毕价值数百万美元的数据中心和云服务中心。在

---

① 外交部：《中国将同非洲制定实施"中非数字创新伙伴计划"》，http://new.fmprc.gov.cn/web/wjb_673085/zygy_673101/dl/xgxw_685112/202108/t20210824_9184776.shtml，2022-04-28 访问。

② 外交部：《中非合作论坛—达喀尔行动计划（2022—2024）》，http://new.fmprc.gov.cn/web/wjbzhd/202112/t20211202_10461174.shtml，2022-04-28 访问。

数字应用上,超过 15 个非洲国家的 17 个城市、1500 多家企业选择中国企业作为数字化转型伙伴,29 个国家选择中国企业提供的智慧政务服务方案。① 截至 2021 年 9 月,中国电信成功开展多个助力"智慧非洲"建设项目,具体包括数字马里项目、智慧布基纳法索项目、援毛里塔尼亚城市安全与监控系统项目②、坦桑尼亚国家 ICT 骨干光缆网项目、马拉维国家骨干光缆网项目等,并协助非洲数字电视运营商 Star Times 发展业务,为非洲当地用户提供更加丰富的内容应用。③

贸易畅通方面,中非经贸合作不断深化。海关统计数据显示 2021 年双边贸易额达 2542.89 亿美元,中国连续多年成为非洲第一大贸易伙伴。自 2018 年与卢旺达签署双边电子商务合作备忘录并建立跨境电商合作机制以来,中国先后同南非、埃及、毛里求斯等众多非洲国家签署了电子商务合作协议,2021 年 1 月 1 日,中非间首个自贸协定中国-毛里求斯自贸协定正式生效。在电商平台上,卢旺达、肯尼亚、尼日利亚等多个非洲国家的企业均与中国企业合作建立跨境电商平台。2016 年非洲最大的电商平台茱米亚(Jumia)成功在中国设立了办事处;科丽

---

① 国务院新闻办公室:《新时代的中非合作》,2021-11-26,http://www. gov. cn/zhengce/2021/11/26/content_5653540. htm,2022-04-28 访问。

② 《建设数字丝路 服务智慧非洲 中国电信积极引领数字化新时代》,中国电信,2021-09-26,http://www. chinatelecom. com. cn/news/02/202109/t20210926_66330. html,2022-04-28 访问。

③ 李浩谦、陈吕芳:《引领"一带一路"服务智慧非洲 中国电信精彩亮相首届中非博览会》,载《人民邮电报》,2019-06-28。

贸（Kilimall）、"中国买"（Chinabuy）、阿曼波（Amanbo）等多个跨境电商平台进入非洲联网电商领域。2019 年 10 月，浙江中国小商品城集团股份有限公司与阿里巴巴开展世界电子贸易平台（eWTP）战略合作，创办了 eWTP 义乌全球创新中心—卢旺达数字贸易枢纽。2021 年 6 月，阿里巴巴集团旗下物流公司菜鸟网络开通了首条中非跨境包裹专线，覆盖尼日利亚全境，大大提高了中非跨境包裹物流时效。① 在移动支付上，中国企业利用技术创新构建非洲跨境支付合作体系，为中非电子商务合作奠定了基础。2016 年，微信支付与南非标准银行合作，在南非地区推广移动钱包，提供"点对点"（P2P）支付、电话费和话费预付以及零售店支付服务。2017 年 8 月，蚂蚁金服的支付宝业务接入南非 10000 家商户，使南非成为非洲首个线下接入中国移动支付方式的国家。② 2018 年，"中非跨境电商平台"正式开通，是非洲国家与中国数字金融合作的重要平台。同年中国银联在肯尼亚开展银联国际跨境 B2B 综合支付服务平台本地收单业务，在肯尼亚、毛里求斯、刚果（金）、刚果（布）等地试点发行银联商务卡产品。③ 2020 年 2 月，支付宝与非洲泛非经济银行（Ecobank）签署了跨境汇款协议，通过创新技术帮助非洲实现数字金融普惠化。此

---

① 《中国物流企业开通中非包裹专线》，新华网，2021-06-24，http://www.xinhuanet.com/fortune/2021-06/24/c_1127595229.htm，2022-04-28 访问。

② 《支付宝接入南非 10000 家商户》，新华社，2017-08-31，https://www.cnfin.com/stock—xh08/a/20170831/1723740.shtml，2022-04-28 访问。

③ 《中国投资：银联走进非洲》，中国银联，2018-04-26，https://www.unionpay-intl.com/cn/mediaCenter/newsCenter/mediaReport/3845.shtml，2022-04-30 访问。

外,借助数字技术,线上推介会、直播带货等新业态合作蓬勃发展。2020 年 7 月,首届中国—非洲国家数字贸易周线上"云开幕",来自非洲 10 个国家的政府有关部门及行业协会代表出席。①2020 年 10 月,中国-中东非(肯尼亚)国际贸易数字展览会利用贸促会数字展览服务平台"贸促云展"为企业提供在线展览展示、交流洽谈机会和精准配对服务。② 2021 年 9 月,第二届中非经贸博览会推出云上博览会平台,打造"云会议、云博览、云交易",开幕式实时信号首次直传非洲国家,创新了交流方式。

资金融通方面,中国是非洲大规模基建发展计划的重要融资来源国。非洲国家仅靠自身财政收入难以有效改善基础设施落后的局面,中国资助和牵头了多个非洲电信基础设施项目(见表 7-2),是除非洲政府外最大的投资方,非洲大约五分之一的基础设施项目由中国提供融资,例如,中国进出口银行与瑞士信贷银行合作为尼日利亚 MTN 电信项目提供银团贷款。③

---

① 《首届"中国—非洲国家数字贸易周"开幕》,载《中国贸易报》,2020-07-02。

② 《中国-中东非(肯尼亚)国际贸易数字展览会在京开幕》,新华网,2020-10-27,http://www.xinhuanet.com/expo/2020/10/27/c_1210859609.htm,2022-04-30 访问。

③ 丝路国际产能合作促进中心:《"一带一路"与非洲基础设施投资》,2020-04-09.http://weixin.bricc.org.cn/Module_Think/ThinkPortal/ArticleDetail.aspx? aid＝476,2022-04-28 访问。

表 7-2　2010—2019 年中国资助的非洲电信基础设施项目

国家	项目	来源	实施	总额（美元）	年份
坦桑尼亚	国家 ICT 宽带骨干网（NICTBB）二期	进出口银行	中国电信公司、华为	1 亿	2010
喀麦隆	国家宽带网络第一阶段：4G 移动宽带（LTE）	进出口银行	华为	1.68 亿	2011
肯尼亚	国家光纤骨干基础设施（NOFBI）二期：电子政务	进出口银行	华为	0.71 亿	2012
尼日利亚	国家安全开发系统 Galaxy Backbone 项目	进出口银行	华为	1 亿	2012
埃塞俄比亚	电信转型扩容（4G 网络和移动扩容）—中兴通讯	进出口银行	中兴通讯	3 亿	2013
埃塞俄比亚	电信转型扩容（4G 网络和移动扩容）—华为	进出口银行	华为	8 亿	2013
坦桑尼亚	国家 ICT 宽带骨干网（NICTBB）三期	进出口银行	中国电信公司、华为	0.94 亿	2013
尼日利亚	国家 ICT 基础设施骨干网（NICTIB）一期	进出口银行	华为	1 亿	2013
几内亚	国家骨干光纤	进出口银行	华为	2.142 亿	2014
喀麦隆	国家电信宽带网工程二期	进出口银行	华为	3.37 亿	2015
科特迪瓦	Abidjan 视频监控平台	进出口银行	华为	0.567 亿	2016

续表

国家	项目	来源	实施	总额（美元）	年份
喀麦隆	南大西洋互连（SAIL）	进出口银行	华为	0.85 亿	2017
尼日利亚	国家 ICT 基础设施骨干网（NICTIB）二期	进出口银行	华为	3.34 亿	2018
塞拉利昂	光纤骨干网二期	进出口银行	华为	0.3 亿	2019

数据来源：China's Digital Silk Road and Africa's Technological Future

民心相通方面，数字技术是连接和增强中非合作的重要支撑。在南非，中国华为公司与南非邮电部签署 ICT 战略合作协议，宣布南非邮电部 & 华为联合创新中心正式成立，当地用户能够体验到智慧家庭、虚拟现实、平安城市、5G 通信技术等科技成果。该中心还与约堡大学、比陀理工大学、德班理工大学、茨瓦尼理工大学签订了 ICT 合作协议，旨在提升南非本地的科技发展水平。在卢旺达，中国农业大学牵头开展"智慧渔业"产学研合作示范工作，启动中国-卢旺达"数字渔业"产学研合作示范项目，推动两国数字农业领域友好合作。① 在数字人才培养方面，2019 年 9 月，卢旺达有史以来第一个跨境电商本科班在杭州师范大学的阿里巴巴商学院开班，这是中国电商为非洲学

---

① 中国农业大学：《中国农业大学推进中国-卢旺达"数字渔业"产学研合作示范工作》，2021-08-19，https://www.eol.cn/news/dongtai/202108/t20210819_2145935.shtml，2022-04-25 访问。

生开设的首个跨境电商本科国家班。

四、中国与非洲数字"一带一路"合作的挑战及推进路径

中非共建数字"一带一路"虽然有很大的发展空间，但是也遇到了很多实际问题。总体来说，非洲国家的数字基础设施建设缺乏相关领域专业人才、网络安全机制保障乏力、区域治理协调机制复杂等问题，是中非数字经济合作的主要障碍。

第一，非洲国家的数字基础设施建设仍待完善。非洲的数字经济发展水平与其工业化程度、经济发展阶段和全球产业分工有很大关系。进入 21 世纪后，非洲虽然在国际上的地位得到了提高，经济增长的内生动力得到了加强，对外投资也在增长，但总体上，非洲与发达国家、新兴经济体以及本地区内部的数字鸿沟仍十分明显。

一方面，非洲多数国家的数字基础建设相对落后，存在洲际光纤覆盖率较低、海底光缆连接程度较低、宽带网络覆盖面积小、接入费用高等问题。非洲缺少贯通非洲大陆的整体骨干网络，导致整个非洲大陆难以实现互联互通，国际出口电路难以得到有效疏导；另外，整个非洲大陆缺乏大规模内容存储的

互联网数据中心资源，导致非洲国家用户访问互联网内容资源瓶颈明显。[1] 到 2020 年，撒哈拉以南非洲地区只有 28% 的人口拥有移动互联网连接，而全球这一比例为 49%。同时，非洲的移动数据获得费用昂贵，撒哈拉以南非洲是世界上移动数据成本最高的地区，1GB 数据的中位成本约为每月人均 GDP 的 4%。例如，在赤道几内亚，获得 1GB 移动数据需要 35 美元。此外，《非洲数字转型战略》显示，近 3 亿非洲人居住在距离光纤或光缆宽带连接超过 50 千米以外的地区，他们的互联网利用效率会降低，从而减缓了非洲的数字化进程。[2]

另一方面，非洲地区的物流供应链基础薄弱，缺少完善的电子商务平台以及电力和相关配套设施的发展，导致发展电子商务的成本高昂。非洲绝大多数国家缺乏全国性的街道地址系统，分销网络协调不力。由于送货服务无法找到送货地址，30%～40% 的商品被退回，物流的时效性和安全性难以保证。非洲当地城市的铁路网络和公路网络建设落后（更不用说偏远村庄地区），全球物流公司无法进入很多非洲国家，电子商务平台因而需要建立针对特定国家或地区的站点。并且，非洲的物流半径较大，非洲国家的物流点之间相隔较远，最后一千米的交付非常昂贵，运输成本至少是发达国家的三倍，种种原因都使

---

① 李志伟：《中企推动非洲骨干网络“全覆盖”》，载《人民日报》，2017-03-29。

② 张春宇：《数字经济为中非共建“一带一路”带来新机遇》，载《中国远洋海运》，2020 年第 11 期。

得非洲物流成本高昂,不利于电子商务的推进。

第二,缺乏相关领域专业人才。数字人才是数字技术创新的基石,是数字经济发展的重要推动力。非洲大多数高校已经开始实施数字化教学,有些甚至建立了专门的信息学院,以保证数字人才的供给。但是,由于受经济、政治、历史、社会和地理等多种环境因素的限制,非洲的教育质量提高的速度较慢,大部分地区的教育水平较低,无法把非洲丰富的人口优势转变成有效的人力资源。并且,由于发展环境的限制,有限的高校教育资源培养的高水平人才大量流失,致使数字经济发展缺乏动力。截至 2018 年年底,撒哈拉以南非洲地区中学的入学率不到 50%,高等教育入学率不到 7%,非洲的高中辍学率超过 30%,是全球平均水平 13% 的两倍以上;高技能人才职位(如教师、学者、金融从业人员、信息软件工程师等)仅占 6%,远远低于全球平均水平。① 此外,教育仍然集中在社会科学和人文科学领域,对于第四次工业革命至关重要的 STEM 领域(即科学、技术、工程、数学领域)人才培养不足,极大制约了非洲数字经济的发展。

以非洲跨境电商专业人才的缺口为例,跨境电子商务的从业人员是复合型人才,需掌握国际经济与贸易和电子商务专业

---

① 孙一力:《"一带一路"背景下中国对非洲教育援助策略思考》,载《青年时代》,2019 年第 7 期。

知识、外语交流技能,并熟悉跨境电子商务相关业务,了解非洲文化背景和风俗习惯,然而很少有高校将跨境电子商务作为一门专业进行开设,这就使得人才的培养跟不上企业发展需求。并且,随着数字经济的普及,电商支付渠道的安全风险也在上升,而非洲缺乏这类网络安全专家,进而大大制约了中非贸易的发展。

第三,网络安全机制保障乏力。随着信息网络技术的飞速发展,产品和服务内容日益丰富,但同时也带来了诸如网络黑客、网络欺诈等数字安全问题。在非洲,许多国家的数字威胁和恶意网络活动报告有所增加,包括破坏公共基础设施、数字欺诈和非法资金流动造成的损失,以及涉及激进组织从事间谍活动和情报盗窃的国家安全漏洞。例如,尼日利亚国家安全局和约翰内斯堡市政府都成为关闭服务或泄露敏感信息的攻击的受害者。

非洲国家在制定和通过基础网络政策方面进展缓慢。非洲大部分国家的信息产业都存在着信用意识模糊、信用道德缺失、信用管理体系不完善、信用中介服务滞后等问题。尽管非洲地区组织也制定了一系列的数据保护法规,如《网络安全和个人数据保护公约》,但立法依然不够。在 54 个非洲国家中,有 29 个非洲国家通过了促进网络安全的立法。尽管如此,这些法律仍缺乏足够的深度和广度;只有 17 个非洲国家通过了专门的法律来解决网络骚扰问题。只有 6 个非洲国家批准了《布达佩斯网络犯罪公约》和《非洲联盟关于网络安全和个人数据保护的协议》，这两项重要的条约帮助非洲国家共享威胁信息，制定统一标准，并从国际社会的技术援助和合作中受益。

第四，区域治理协调机制复杂。非洲各国的政治制度、经济发展水平、社会治理、法律制度、语言文化传承、宗教信仰等都有很大的不同，大部分国家都处在社会经济转型时期，政府治理能力受到限制，政治势力和利益团体众多，政治格局"破碎化"，对外政策不稳定，政策持续时间短，这些原因使得中非进行数字合作的复杂性进一步加深。

例如，在中非电子商务合作中，就存在非洲跨境支付的严重阻碍，各国银行业对跨境支付的规定不一，使得在线交易产品难度加大。并且，跨境销售的销售税和关税问题在非洲各国难以达成共识，再加上电子商务的法律框架尚处于起步阶段，各国关于数据隐私、消费者保护、电子合同和在线支付方面的指导方针都仍需完善。

数字"一带一路"所涉及的项目不仅包括电子商务合作，而且包括大数据、物联网、云计算、跨境电商、金融科技、知识产权保护、海关监管等，相关非洲国家治理措施不到位都会产生诸多问题。①

---

① 黄玉沛：《中非共建"数字丝绸之路"：机遇、挑战与路径选择》，载《国际问题研究》，2019 年第 4 期。

为促进非洲各国把握这一契机，助力中非应对上述风险，提出以下政策建议：

第一，总体而言，推进中非共建数字"一带一路"也要分阶段、分层次进行。

首先，非洲是一块广阔的大陆，54个国家处于不同的发展阶段，因此需要针对不同国家的发展情况和需求状况，充分对接共建数字经济和电商合作的需求。其次，要充分意识到对象国的城市化进程、互联网发展阶段、信息化发展水平等战略，并全面审视该国的政治、社会、人口和安全等多重现实。因此，建议采取重点对接一些国家的有效需求，结合其在数字经济方面的发展优势，辐射周边国家的规划。对于一些数字经济发展情况较好（特别是移动货币支付发展较为迅速）的国家，例如肯尼亚、尼日利亚、卢旺达、南非等国，中国可优先考虑推进数字经济领域的合作。

第二，加强顶层设计和需求对接，重点支持非洲的数字基础设施建设。

中非需根据双方的比较优势和现实情况，在数字基建方面对接需求，再以项目为抓手，推动数字基建项目的建成。2020年3月4日，中央政治局常务委员会会议强调，加快推进国家规划已明确的重大工程和基础设施建设，加快5G网络、数据中心等新型基础设施建设进度。新基建主要包括5G

网络、人工智能、工业互联网、物联网、数据中心等领域，本质上都是数字基建。这意味着数字基建在未来将是中国大力发展的领域。非洲的软硬基础设施都相对落后，在此前的中非合作中双方更多集中在铁路、公路、电力、桥梁等传统的基础设施建设方面。考虑到非洲本身对数字基建的需求旺盛和中国对新基建领域重视，中非应在未来的合作中，以"一带一路"战略为契机，将新基建和传统基建相结合，秉持"两手抓、两手都要硬"的原则，扩大中非数字基建合作，为非洲国家提供大数据、云计算、金融支付等数字化经济基础设施，进而扩大非洲的洲际光纤和海底光缆连接，提升宽带网络服务，推动非洲3G、4G 向 5G 升级，并促进人工智能、量子信息、移动通信、物联网、区块链等技术在非洲的应用和发展，使中非国家共享数字经济的红利。

第三，抓住电商合作的机会，加强国内电商与非洲当地电商的合作。

中国的电商发展迅速，既为非洲电商发展模式提供了有用的框架，又成为中国企业走进非洲的有利条件。目前，非洲主要的电商平台有茱米亚、科丽贸等，非洲本土电商的市场占有份额较高，只有科丽贸一家是由中国人创办，目标是通过跨境电商的形式把中国品牌引进非洲。然而，因科丽贸起步较晚，目前只有肯尼亚、尼日利亚、乌干达三个站点，尚未覆盖非洲全境。加强国内电商与非洲当地电商的合作，能发挥中国电商在经验、技术等方面的优势，进一步提升中国电商走进非洲的竞争力，还能为非洲电商提供资金、技术，共同开发非洲市场促进双赢。

近年来，阿里巴巴集团积极在非洲开展业务，成为国内电商走入非洲的先行者。阿里巴巴推动 eWTP 在非洲的落地，帮助非洲伙伴打造与数字贸易相匹配的商业基础设施——线上的交易平台、支付系统乃至报关清关的公共服务平台，线下的智能仓储、物流、配送网络。例如，阿里巴巴携手义乌与埃塞俄比亚围绕 eWTP 进行了全面合作，致力于将埃塞俄比亚打造为非洲商品出口全球的门户和数字贸易枢纽。

第四，加大对数字化人才的投资，加强中非教育合作。

除了对数字基础设施的投资外，投资人才也同样重要。对非洲教育的全面改革将转化为整个非洲大陆提高生产力和产出。非洲开发银行的研究发现，教育水平（完成率）和质量（越来越多的教师、教科书和其他教育资源）的提高与工人的生产率呈正相关，也与一个国家的发展成果呈正相关。因此，不能忽视数字技能开发对驱动非洲大陆创新的重要性。

可以说，数字化人才培养是中非数字、科技合作的基础。目前中非间的教育合作内容主要包括为非洲国家培养留学生、派遣援非教师、举办专业研修班和实现中非国家间的校际交流、教育界高层互访等。未来还应把教育向更深层次推进，通过提出综合性数字教育解决方案，鼓励中非间高校、科研机构的相互交流等方式，共同培养出适合数字时代、进行数字科技探索的专业人才。以培养中非跨境电子商务专业人才为例，可以制订电子商务专业人才的建设和储备计划，对希望进入数字经济或提高专业技能的人进行培训、对非洲的失业人口进行相关职业技能培训、为高校学生提供数字经济的学术教育；可以建立中非跨境电子商务人才培养基地，明确规范中非跨境电子商务人才培养标准，设立奖学金。可以参考阿里巴巴奖学金，将帮助发展中国家培养 1000 名年轻创业者，让非洲的年轻企业家不仅能够在自己的事业上取得成功，而且能回国向其他人展示如何为数字时代建立包容性的商业模式。

第五，加强中非在数字安全领域的交流与合作，营造良好的合作环境。

针对非洲的法律法规体系不健全、数字安全问题频发等问题，联合国非洲经济委员会建议，必须尽快建立起非洲政府的监管体系和法制体系，以有效地指导数字经济健康有序地发展，防止非洲国家陷入新型经济发展困境。在非洲国内发展需要和外部政府的压力的驱使下，中国可以考虑在求同存异的同时，增强治理领域的对接。加强与非洲各国政府、业界、学界的对话和合作，在隐私保护、知识产权保护、数字市场秩序、跨境数据流动等方面加强与非洲各国的数据采集、储存、分析、使用、流通、交易、分享等合作，完善数字经济发展的制度保障，通过数字领域治理合作，有效地协助非洲实现数字社会的数字化转型，促进中非互利双赢，把中非关系推向一个新的高度。①

---

① 李康平、段威：《非洲数字经济发展态势与中非数字经济合作路径探析》，载《当代世界》，2021年第3期。

第八章

拉丁美洲数字"一带一路"发展

发展数字经济对拉丁美洲国家非常重要，尽管一些拉丁美洲国家数字化的进程还比较缓慢，但是数字经济对许多国家经济增长的作用已经体现。新冠疫情的暴发更加凸显了拉丁美洲地区数字化转型的迫切需要，疫情后，许多拉丁美洲国家纷纷出台相关的数字经济发展战略。

拉丁美洲地区是 21 世纪海上丝绸之路的自然延伸，中国在数字化转型和升级上具有丰富经验，数字"一带一路"的建设有助于拉丁美洲国家弥合数字基础设施建设缺口、增加疫情后经济复苏潜力，加速拉丁美洲国家数字化建设，并为地区企业和投资者提供了许多新的机会。

一、拉丁美洲数字化发展现状

当前，拉丁美洲地区数字化转型速度加快，尤其是疫情过后，拉丁美洲地区数字经济潜力释放，通信网络、电子商务、移动支付、数字政务等数字经济产业迅猛发展。其中，巴西、墨西哥和哥伦比亚的数字化水平领先于拉丁美洲其他国家。随着数字化水平的提高，拉丁美洲国家对配套技术的需求也快速增加。但总体而言，由于经济和社会复杂程度不同，并非所有拉丁美洲国家都能平等地享受数字技术发展的红利，拉丁美洲地区的数字鸿沟仍然存在。

第一，通信网络发展迅速。2020 年，拉丁美洲和加勒比地区约有 82.7% 的人口居住于 4G 网络覆盖的地理区域，有93.0% 的人口居住于 3G 网络覆盖的地理区域，比 2012 年分别增加 742.8%、65.9%。（见图 8-1）拉丁美洲各国的数字联通现状差异较大，2020 年拉丁美洲互联网覆盖率为 78.78%，不过有一些国家的覆盖率很低，例如玻利维亚为 58.34%，洪都拉斯为 39.33%。拉丁美洲家庭使用互联网主要集中在通信交流和社交分享方面，其他的数字应用（包括健康卫生和教育服务、网络购物、金融科技平台等)较少。相应地,拉丁美洲企业的数字化程度整体也不高,例如,虽然该地区 85％的企业使用互联网,但是使用电子银行的比例差异很大,从秘鲁的 34.2％到哥伦比亚的 95.4％不等。

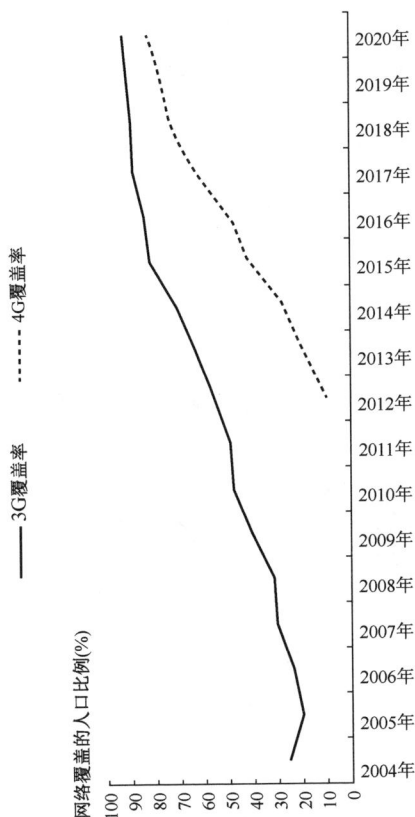

图 8-1 2004—2020 年拉丁美洲和加勒比地区(LAC)
3G 和 4G 网络覆盖

数据来源:作者基于 GSMA(2020a)、GSMA Intelligence(数据库)计算

第二,电子商务和数字支付快速增长。当前,拉丁美洲电

子商务市场发展迅速，数字经济发展潜力巨大。据 Visa 统计，2020 年前 3 个月，拉丁美洲地区进行网络和在线支付的消费者用户增加 1300 万，累计达到 1.66 亿人次。在线消费已经占到该地区消费活动的六成以上。经常网购人群已增至该地区消费者总量的 25%，有过至少一次网购经历的消费者则占到拉丁美洲消费者总数的 80%。根据 Statista 数字市场预测，到 2022 年拉丁美洲和加勒比地区的电子商务用户达到 3.17 亿，到 2025 年将达到 3.61 亿，增长 13.6%（见图 8-2）。

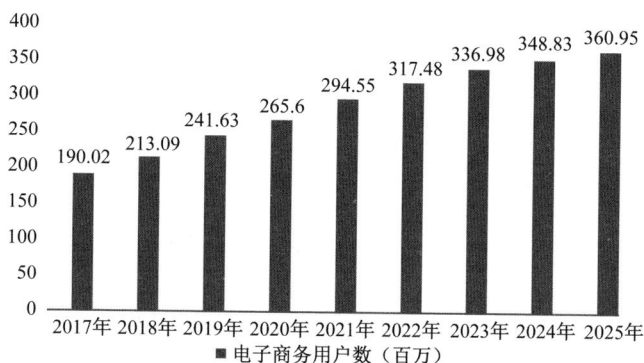

图 8-2　2017—2025 年拉丁美洲和加勒比地区的
电子商务用户数量

数据来源：Statista 数据库，其中 2021—2025 年为预测值

从具体国家来看，2021 年，巴西占据了拉丁美洲和加勒比地区近 30% 的电子商务市场份额。紧随其后的是墨西哥和哥伦比亚，分别约占 29.3% 和 6.9% 的份额。（见图 8-3）据报告，2022 年该地区各经济体增加对市场的参与度，其中巴西和阿根

廷的在线销售增长最为显著。在数字支付方面，墨西哥政府依靠 Ualá 和 Cuenta DNI 两个移动支付钱包，向民众分发补助。Ualá 在疫情封锁后的第一个月内发行了至少 140000 张即用即付借记卡，每月定期发行量翻了一番；Cuenta DNI 在短短 15天内达到了惊人的 50 万活跃用户，现在拥有超过 100 万活跃用户。

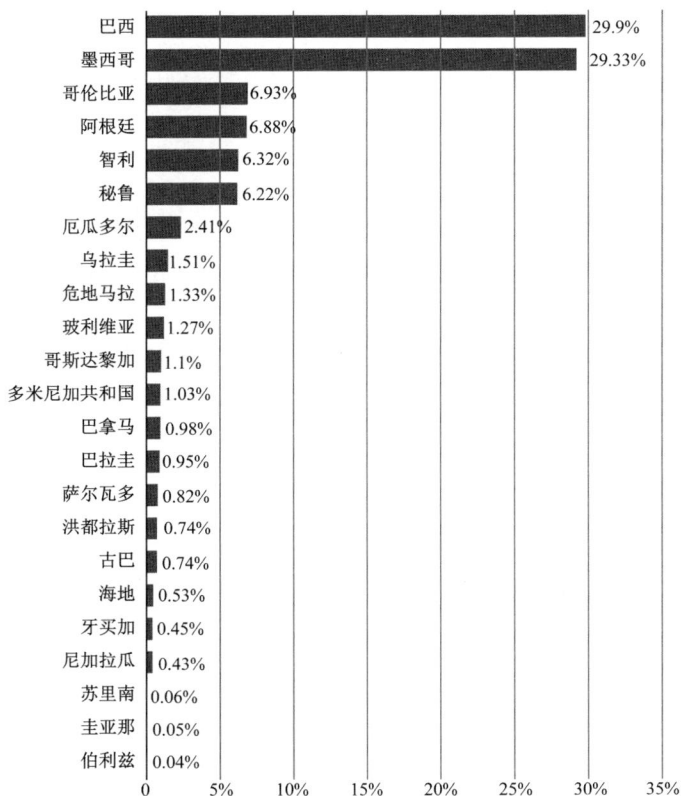

图 8-3　2021 年拉丁美洲和加勒比地区电子商务市场份额

数据来源：Statista 数据库

第三，独角兽企业发展迅速。拉丁美洲独角兽企业数量仅次于中国，全球范围内排名第三位。根据 Atlantico Capital 发布的《拉丁美洲 2021 年数字化转型报告》，2021 年拉丁美洲地区科技初创企业总估值达 1050 亿美元，同比增长 130％。截至 2021 年 8 月，拉丁美洲地区共有 26 家估值超过 10 亿美元的独角兽企业，而 2018 年时这一数字仅为 4 家。

第四，政务数字化稳步推进。疫情大力推动拉丁美洲公共部门数字化转型。拉丁美洲地区不少国家政府密集出台针对数字政务的法规，搭建数字化服务平台。墨西哥政府推出数字门户网站 gob. mx，包含了来自 250 个政府机构和 5400 个公共服务机构的 34000 个数据库，是墨西哥推动其联邦政府运作数字化的核心部分。巴西经济部打破了公共服务数字化的纪录，不断增加平台所提供的便民服务，民众可办理实现登记新冠疫苗接种、社会保障等 770 项服务。此外，巴西政府更新其数字战略，通过其数字门户网站 gov. br 扩展数字服务，在新冠疫情期间，有 250 项服务通过智慧化升级在线办理。哥伦比亚政府通过税务机构（DIAN）现代化等 17 项数字转型计划和创业项目，促进经济复苏。巴拉圭政府通过在线平台开放紧急合同服务。

第五，数字鸿沟依旧较大。拉丁美洲地区数字鸿沟依旧很大。虽然最近十余年来，拉丁美洲国家的数字化水平有了较大提高，但该地区仍然面临较大的数字鸿沟。对于该地区能接入数字网络的人来说，只有 9.9％的人口在家中拥有高质量的网络连接。虽然超过 80％的人口居住于 4G 网络覆盖的地理区域内，但实际使用率和普及率仍然很低，只有 37％。不仅如此，数字鸿沟还存在于拉丁美洲地区的农村和城市家庭之间，在农村地区 10 个人中只有 4 个可以上网，而在城市这一比例为 71％。新冠疫情一定程度上推动了拉丁美洲的数字基础设施发展。由于防疫的需要，远程教育、电子商务、数字医疗、电子支付等领域都有所改观。但是，该地区数字基础设施仍然远远落后于发达经济体，当前依然有超过三分之一的拉丁美洲和加勒比地区家庭没有联网。

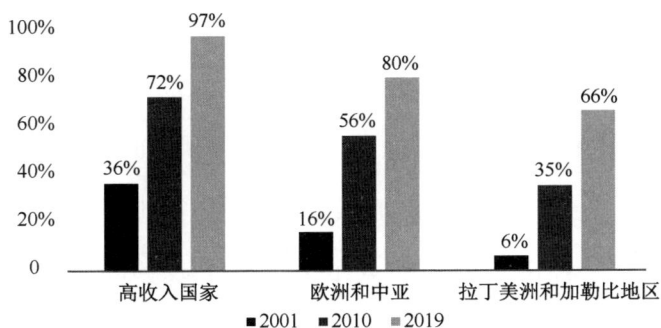

图 8-4　互联网使用人数占比

数据来源：世界银行

除了面临着覆盖率不均衡的问题外，数据流量和设备成本过高也是导致数字鸿沟的主要问题之一。根据世界银行的数据，相对于拉丁美洲地区民众的收入而言，2020 年 1GB 网络数据流量的平均价格相当于该地区家庭月收入的 2.7%，而对于某些国家，价格占比甚至达到了 8%～10%，远高于 ITU 规定的 2%负担能力阈值。此外，在拉丁美洲的大部分地区，最便宜的基本款智能手机价格占家庭月平均收入的 4%～12%，在危地马拉和尼加拉瓜这一成本占比达 31%～34%，而在海地甚至高达 84%，拉丁美洲民众很难负担起该设备成本。

二、拉丁美洲的数字化战略与行动

在区域层面，拉丁美洲和加勒比信息社会部长级会议所制定的系列信息社会地区行动规划（eLAC）为拉丁美洲各国促进数字经济发展和地区合作提供了基本原则和方向。2015 年，《2018 年拉丁美洲和加勒比地区数字议程》提出了涵盖连接和基础设施，数字经济、创新和竞争力，电子政务和公民，可持续发展和包容性，对信息社会的治理五大行动领域下的 23 个具体目标。[①] 此后，拉丁美洲地区又通过信息社会部长级会议陆续推出了新的行动计划。在国家层面，墨西哥是第一个提出"工业 4.0"战略的拉丁美洲国家。2016 年，墨西哥政府提出了"工业

---

① ECLAC. *Digital Agenda for Latin America and the Caribbean*（*eLAC* 2018），Fifth Ministerial Conference on the Information Society in Latin America and the Caribbean，Mexico City，5-7 August 2015.

4.0"路线图，推进数字化转型。

疫情下，拉丁美洲地区在全球数字经济浪潮中不断探索，发展数字经济逐步成为拉丁美洲国家的共识。联合国拉丁美洲和加勒经济委员会(以下简称"拉丁美洲经委会")发布的《2021年拉丁美洲经济展望》报告指出，在疫情大流行对地区社会经济状况造成深远影响的背景下，大力发展数字经济对拉丁美洲和加勒比地区经济发展至关重要。《2022年拉丁美洲和加勒比地区数字议程》包括有关数字基础设施、数字化转型和数字经济、数字政府、包容性和数字技能和竞争力、促进可持续发展的新兴技术、信任和数字安全、区域数字市场、数字区域合作八大行动领域和一个关于抗击疫情和经济复苏的具体章节，旨在成为拉丁美洲地区数字合作的催化剂，通过数字议程机制，促进数字化相关政策的设计、能力建设和政府沟通，共同应对数字变革带来的挑战和机遇。

在国家层面，拉丁美洲各国政府高度重视数字化转型，相继公布或更新了本国的数字化战略。2020年4月，巴西经济部、圣保罗州政府、私营部门和国有部门共同成立了第四次工业革命中心(C4IR Brasil)，旨在促进物联网和人工智能在工业领域的应用，帮助现代医疗、绿色农业和高端制造等核心产业数字化转型。2021年5月，乌拉圭政府发布《2025年数字议程》(2025 DIG-ITAL AGENDA)，该计划包括将光纤到户(FTTH)网络扩展到居民少于 3000 人的地方，在全国范围内完成 4G 蜂窝覆盖，为移动技术分配新的频段并增加 5G 覆盖范围。政府还计划通过实施允许应用预测分析和自动响应的新技术来改善对网络事件的检测和响应。2021 年 6 月，哥斯达黎加政府制订《2022—2027年国家电信发展计划》(The national telecommunications development plan for 2022-2027)草案，目标是收集有关电信基础设施、无线电频谱、数字技能和能力、网络接入、可持续城市等方面信息。2021 年 8 月，巴拉圭国家电信委员会(CONATEL)就《2021—2025 年国家电信计划》(The 2021-2025 national telecommunications plan)进行公众咨询，该计划目标包括提高行业覆盖率、渗透率和服务质量，提出支持扩大微型公司和中小企业的网络和基础设施及连通性、电子政务和通信技术技能等。2021年 9 月，墨西哥政府发布《2021—2024 年国家数字战略》(The 2021-2024 digital strategy)，旨在促进信息和通信技术的使用和发展，尤其是在互联网连接方面。

三、数字"一带一路"在拉丁美洲地区的发展

多年来，中国和拉丁美洲国家的数字经济合作逐渐加深，在数字基础设施互联互通、跨境电商、移动应用等领域已取得

了一定成果。数字"一带一路"有助于推进拉丁美洲地区一体化进程，有助于维护多边主义，还有助于拉丁美洲国家实现联合国 2030 年可持续发展目标。

政策沟通方面，数字经济合作在中国与拉丁美洲国家的合作框架中的重要性不断上升。中国与拉丁美洲多个国家建立了双边、多边对话机制，这些机制为数字经济合作提供了保障。2016 年 11 月发布的第二份《中国对拉丁美洲和加勒比政策文件》中，提出信息技术合作是构建"1＋3＋6"务实合作新框架，积极探索"3×3"产能合作新模式的重要组成部分。① 此外，中拉在网络信息安全领域的国际协作也包含其中。2021 年 12 月，中国—拉丁美洲和加勒比国家共同体论坛第三届部长会议通过《中国—拉共体论坛第三届部长会议宣言》和《中国—拉共体成员国重点领域合作共同行动计划（2022—2024）》成果文件，就未来 3 年在数字基建、通信设备、5G、大数据、云计算、人工智能等数字经济领域合作达成广泛共识。

设施联通方面，中国与拉丁美洲国家在数字基础设施领域的合作不断深入。在数据服务领域，2021 年 11 月，腾讯云在巴

---

① "1＋3＋6"务实合作新框架，即以《中国与拉丁美洲和加勒比国家合作规划（2015—2019）》为指引，以贸易、投资、金融合作为动力，以能源资源、基础设施建设、农业、制造业、科技创新、信息技术为合作重点。积极探索"3×3"产能合作新模式，即共建拉丁美洲物流、电力、信息三大通道，实现企业、社会、政府三者良性互动，拓展基金、信贷、保险三条融资渠道。

西圣保罗的首个数据中心正式开服，为巴西和其他南美洲客户提供高质量的弹性计算、存储、大数据、人工智能、安全等云服务，并面向不同行业，尤其是媒体、游戏业、社交媒体和金融科技公司提供多种定制化解决方案。在信息通信领域，2018年，中国联通、喀麦隆网络提供商 Camtel 公司与华为海洋网络合作，建设连接非洲喀麦隆 Kribi 深海港口到巴西福塔雷萨全长约 6000 千米的南大西洋国际海底光缆系统（SAIL），是非洲和南美洲之间传输容量最大同时延迟时间最少的海底光缆路由，为该地区第一个由中国大型电信运营商和中国设备制造商牵头的大型电缆项目。2017 年，中国大唐电信集团承建的中厄4G（第四代移动通信技术）TD-LTE 联合实验室为厄瓜多尔通信技术研发提供了重要阵地，是拉丁美洲地区第一个 4G 实验室。[①] 2016 年，华为为墨西哥政府建成拉丁美洲最大公共无线网络提供了敏捷园区解决方案，对该国实现数字战略——墨西哥全联结项目（México Conectado），为消除该国数字鸿沟提供了技术支撑。在网络安全领域，中兴通讯等公司与阿根廷、玻利维亚、厄瓜多尔、委内瑞拉、乌拉圭和其他地区国家展开监控技术合作。2017 年，中国帮助厄瓜多尔修建的国家安全指挥控制系统（ECU911），建立了一个由 4000 多个摄像头组成的监控

---

① 《中国助力厄瓜多尔打造"硅谷梦"》，新华社，2017-04-19，http://www.xinhuanet.com/world/2017－04/20/c_1120846296.htm，2022-04-28 访问。

系统，为城市安全提供保障服务，建设智慧城市。2019 年 3 月，阿根廷北部胡胡伊省与中兴通讯签订了金额接近 3000 万美元的监控合同，提供摄像头、监控中心、应急服务和电信基础设施。截至 2019 年年底，中兴通讯向玻利维亚提供了 600 台配备面部识别技术的摄像头，连同已投入使用的 2000 个摄像头，作为该国 BOL-110 公民安全综合系统的一部分。该系统还包括由中国电子服务有限公司斥资超过 1.05 亿美元在拉巴斯建设的国家指挥控制中心。[1] 在委内瑞拉，中兴通讯帮助政府推出一种被称为"fatherland card"的智能卡，该卡将数据传输到中兴通讯提供的服务器上，并越来越多地被政府用于补贴食品、医疗保健和其他社会项目上。在空间协作领域，继 2008 年委内瑞拉一号通信卫星和 2012 年委内瑞拉遥感卫星一号之后，2017 年，中国成功发射委内瑞拉遥感卫星二号，该卫星主要应用于委内瑞拉国土资源普查、环境保护、灾害监测和管理、农作物估产和城市规划等领域，对委内瑞拉发展国民经济、改善人民生活、促进社会进步等将发挥积极作用。[2]

资金融通方面，依托数字"一带一路"下的合作，中国在拉

---

① Jorge Malena. The Extension of the Digital Silk Road to Latin America：Advantages and Potential Risks，*Brazilian Center for International Relations*，2021.

② 《长二丁火箭成功发射委内瑞拉遥感卫星二号》，人民网，2017-10-10，http://scitech. people. com. cn/n1/2017/1009/c1007-29576538. html，2022-04-02 访问。

丁美洲国家弥补资金和能力缺口的网络基础设施建设中发挥了积极作用。例如，2015 年，国家开发银行与巴西最大的移动运营商之一 Oi 签订了总额高达 12 亿美元的长期融资协议，以帮助该公司优化网络通信服务。此外，中国投资者在为拉丁美洲初创科技企业融资方面发挥着越来越重要的作用。在卫星航天领域，2017 年，腾讯向阿根廷航天科技初创公司 Satellogic 投资了 2700 万美元，Satellogic 提供在微型卫星平台上的高分辨率成像，在监测农业、天气预报等方面具有重要作用。在普惠金融领域，2019 年，腾讯向巴西金融科技公司 Nubank 投资了 1.8 亿美元。Nubank 是为拉丁美洲最大市场提供免费信用卡和数字支付账户的先行者，为超过 850 万客户提供服务。

在贸易畅通方面，中拉贸易表现突出，电子商务等贸易新业态蓬勃发展。根据中国海关总署发布的数据，2021 年中拉进出口总额约为 4515.91 亿美元，较 2020 年增长 41.1%。中国对拉丁美洲国家出口额增幅最大。其中，中国向拉丁美洲地区出口的个人跨境电商商品金额达到 29.5 万亿美元，是 2020 年的 25.7 倍。联合国拉丁美洲经委会发布的《拉丁美洲加勒比地区国际贸易展望年度报告》指出，拉丁美洲地区经济恢复的一大关键仍是持续加强与中国的贸易往来。在电子商务领域，"丝路电商"合作不断推进。以阿里巴巴旗下的速卖通为例，目前，该平台在拉丁美洲拥有数百万注册用户，与墨西哥、阿根廷等国家建立合作伙伴关系，已成为巴西、秘鲁和智利等国第一大跨境新零售平台。①

民心相通方面，数字"一带一路"为全球抗击疫情、促进中国与拉丁美洲国家各方面的合作做出积极贡献。在国际抗疫合作上，拉丁美洲地区多个国家都在使用中国的数字解决方案抗击疫情。巴拿马、危地马拉、多米尼加等国最大的公立医院，借助华为云 Covid-19 AI 辅助诊断平台，快速掌握了先进的诊断能力和技术。中国抗击疫情的经验通过技术手段对外输出，在全球其他国家和地区发挥了更大作用。在交流合作上，中国与智利政府及相关组织先后举办了"中国—智利数字化转型"论坛、智利创新和投资高峰论坛等，不断交流彼此对于数字经济和科技创新的认识。在 ICT 人才储备上，华为在巴西圣保罗州坎比纳斯市设立的研发和培训中心每年培训超过 2000 名 ICT 人才。

---

① 楼项飞、杨剑：《拉美数字鸿沟消弭与中拉共建"数字丝绸之路"》，载《国际展望》，2018 年第 5 期。

四、中国与拉丁美洲数字"一带一路"合作的挑战与推进路径

为了抓住数字经济发展带来的机遇，拉丁美洲和世界各国纷纷出台了数字经济发展战略。中国拥有先进的通信设备和电子商务管理经验。依托数字"一带一路"的建设，中国积极帮助拉丁美洲国家建设电信基础设施，加大对该地区的数字基础设施投资，推动拉丁美洲地区跨境数字贸易的发展，从而对地区数字化产生了积极影响。

然而，中国与拉丁美洲国家在推进数字"一带一路"建设中仍面临诸多挑战。首先，拉丁美洲数字"一带一路"建设仍处于起步阶段。以数据保护和流通为例，拉丁美洲不同国家在隐私保护和数据跨境流动方面的法律法规不同，这将使该地区数字"一带一路"建设复杂化，并可能阻碍中拉数字经济合作。其次，拉丁美洲国家之间和国家内部存在的数字鸿沟也可能减缓数字"一带一路"的进展。最后，拉丁美洲地区的数字经济仍然落后于世界上大多数地区。拉丁美洲地区仅占全球 70 家最大数字公司市值的不到 1％。拉丁美洲和非洲总共拥有不到全球 5％的数

据中心。① 许多地区的通信基础设施需要升级才能达到可以拥有 4G 和 5G 网络的阶段。

对此,本章就更好地促进中国与拉丁美洲国家在数字"一带一路"领域的合作提出一些建议:

第一,中国应加强与拉丁美洲国家在数字人才培养方面的国际合作。受经济、社会、历史、教育培养体系等多种因素制约,拉丁美洲国家大多缺乏数字领域人才,对数字经济业态的创新能力不足,这在很大程度上影响拉丁美洲国家发展数字经济的进程和水平。2018 年美洲开发银行(IDB)的一项研究发现,拉丁美洲只有 30% 的三年级和四年级儿童达到了数字时代所需关键技能的最低基准。近年来,拉丁美洲各国政府更加注重数字技术人才培养,并加强相关国际交流。例如,自 2018 年以来,美国通过"数字互联互通与网络安全伙伴关系"(DCCP)寻求与美国电信培训学院、美国联邦通信委员会等合作伙伴在该地区提供培训。因此,针对拉丁美洲国家对数字人才需求庞大的问题,可以加强数字人才培养国际合作,推动实施中拉数字领域人才交流和培训项目。一方面,通过实施数字领域人才培训专项计划、线上线下培训课程联动等多元化的合作方式拓宽与拉丁美洲国家人才交流合作的渠道;另一方面,引导和鼓励中

---

① Jorge Malena. The Extension of the Digital Silk Road to Latin America: Advantages and Potential Risks, *Brazilian Center for International Relations*, 2021.

国高校、科研机构、企业等各类主体开展多层次的交流培训活动。通过有效的交流合作满足拉丁美洲地区数字领域人才培养需求，提高中拉双方合作的质量与水平。

第二，数字基础设施建设仍然是中国与拉丁美洲地区合作的重点。中国和拉丁美洲国家在数字产业领域有着很强的互补性。拉丁美洲地区有着发展数字基础设施的强烈愿望，对数字基础设施的需求巨大。根据爱立信移动报告，拉丁美洲的消费者正在迅速向网络化社会迈进。据统计，拉丁美洲的物联网连接设备数量预计将以每年21％的速度增长，到2022年达到1亿台。拉丁美洲通信基础设施供求不平衡严重制约了该地区的发展，但这一缺口的存在给兼具基建能力与投资意向的中国带来了机遇。以秘鲁为例，秘鲁计划加大对基础设施的投资，以提高竞争力并成为拉美与亚太地区的物流枢纽。然而，据秘鲁国家基础设施发展协会（AFIN）估计，该国的交通基础设施需要额外574亿美元才能完成2016—2025年计划。政府期望在融资过程中将公共融资比例降至10％以下，在私人部门获得更多融资。中国企业具备较强的国际竞争力，双方可以借助数字“一带一路”建设的机遇，在大数据、移动支付、人工智能、移动通信、物联网等方面展开合作，帮助拉丁美洲国家建立、完善数字经济基础设施，共享数字经济发展红利。

第三，深化与拉丁美洲地区的电商合作，推进数字基础设施、智能支付和物流体系等相关的配套设施建设。近年来，以巴西为代表的拉丁美洲电商市场在巨大的人口红利和数字基建推动下强劲发展。数据显示，2021年巴西电商市场份额增速达26.8％，成为全球电商发展最快的市场。此外，在阿根廷、墨西哥等拉丁美洲国家，电商在零售市场渗透率也均超过了10％。以京东开通的中国香港—巴西圣保罗货运包机航线为例，该航线顺应跨境电商快速发展的需要，加强拉丁美洲地区的跨境电商布局与合作。2022年3月，京东国际物流开通在拉丁美洲地区的首条定班包机线路，包机承运了来自中国的各类电商包裹，其中以数码电子产品、生活日用品、运动器材等商品为主，返程航段则运载以咖啡豆、大豆、皮革品类为主的进口商品，实现双向包机运营，推动跨境电商快速发展，进一步带动相关配套产业发展。①

① 《看世界·威观巴西｜巴西网民为何青睐亚洲跨境电商》，中国经济网，2022-04-18，http://intl.ce.cn/sjjj/qy/202204/18/t20220418_37504809.shtml，2022-04-22访问。

第九章 | **数字"一带一路"的机遇与展望**

新冠疫情作为影响全球经济的"黑天鹅"事件，客观上为全球的数字经济发展踩下"油门"。当前，中国正在大力推进数字"一带一路"建设。习近平主席在第二届"一带一路"国际合作高峰论坛开幕式上的主旨演讲指出："我们要顺应第四次工业革命发展趋势，共同把握数字化、网络化、智能化发展机遇，共同探索新技术、新业态、新模式，探寻新的增长功能和发展路径，建设数字丝绸之路、创新丝绸之路。"中国和共建"一带一路"国家在数字经济合作领域前景广阔，不仅能帮助共建"一带一路"国家平等地参与到全球产业链与价值链中，而且为中国在数字转型过程中共享改革红利创造了有利条件。

一、中国与共建"一带一路"国家数字战略高度契合

东盟的《东盟数字总体规划2025》，非盟的《2063年议程》、"非洲数字化转型战略"，拉丁美洲国家的《2022年拉丁美洲和加勒比地区数字议程》等区域层面和各个共建"一带一路"国家出台的数字经济发展战略与中国"一带一路"倡议以及多方围绕数字合作进行的一系列政策对接和机制创新十分契合。例如，非盟制定的《2063年议程》是非洲本土制定的、关于非洲包容性增长与可持续发展的共同战略框架，其中阐明了非洲发展信息和通信技术与数字经济的远景，目的是促进非洲国家成为整合型的数字经济体，促进非洲政府、商业经济体和个体经营者获得安全、稳定的信息和通信技术。为进一步推动非洲数字经济发展，《2063年议程》制定了具体行动方案。其中，泛非数字网络（Pan-African E-Network）和网络安全（Cyber Security）是这一计划的主要内容，重点是建立非洲宽带网络的基础设施，目的是保证网络信息的安全性，并希望扭转非洲"数字洼地"的劣势。

与此同时，数字经济也是"一带一路"的重要发展方向。习近平主席提出，要将"一带一路"建成和平之路、繁荣之路、开放之路、创新之路、文明之路。其中，创新之路的意义在于坚持创新驱动发展，倡导绿色、低碳、循环、可持续的生产生活方式。发展数字经济，将推动共建"一带一路"相关国家社会发展向更加高效、智能、人性化方向转型，必将开创发展新机遇、谋求发展新动力、拓展发展新空间。① 未来，中国与共建"一带一路"国家可进一步在"一带一路"和多方合作论坛框架内加强合作，对接发展战略，深化数字经济领域交流合作。

二、共建"一带一路"国家数字化发展恰逢其时

第一，共建"一带一路"国家已进入数字经济快速发展的关键时期。"一带一路"各国高度重视数字经济发展，把握机会实现全面发展和可持续发展。例如，印度尼西亚总统佐科（Joko Widodo）表示，印度尼西亚经济将加速向数字化转型，政府将持续出台各种举措，促进经济、教育、金融、交通、医卫等各领域的数字化转型。卢旺达总统卡加梅（Paul Kagame）曾呼吁，非

---

① 王振、赵付春、王滢波：《发展数字经济 点亮创新之路》，载《人民日报》，2017-05-22。

洲应该最大限度地把握第四次工业革命的机遇，而不应该在第
五次工业革命到来时仍在扮演追随者的角色。

第二，共建"一带一路"国家不断建立、完善互联网等基
础设施建设，满足数字化转型需求，以享受数字经济发展红
利。例如，乌兹别克斯坦将其光纤基础设施几乎翻了一番，
从 2019 年的 36600 千米增加到 2020 年的 68600 千米，并简化
了发射信号塔的建造和启动许可，从而加快了移动网络的
推出。

第三，巨大的人口红利和中等收入人群的崛起共同铸造了
共建"一带一路"国家充满潜力的消费市场，使共建"一带一路"
国家成为吸引中国等投资的沃土。以非洲市场为例，麦肯锡公
司数据显示，2016 年非洲的消费和商业开支已经达到了 4 万亿
美元，并且正在快速增加，到 2025 年该项支出将达到 5.6 万亿
美元。[1] 非洲庞大的人口对非洲的消费者市场起了很大的推动
作用。根据非洲的人口构成，非洲是最年轻的大陆，15～24 岁
的青少年占 20％，而且他们的消费意愿非常强烈。同时，非洲
中等收入人群的兴起进一步为消费市场带来新的生机。根据对
发展中国家中等收入人群的发展情况的衡量，2010 年非洲的中
等收入人群大约有三亿，相当于整个人口的 34.3％。随着中等

---

[1]　McKinsey & Company. *Lions on the Move II：Realizing the Potential of Africa's Economies*，2016，p. 6.

收入人群日益重视提高生活质量，他们会在非洲的消费者市场上占据一席之地。[1] 正因如此，网易、腾讯、阿里巴巴、中国银联、华为等中国企业大力开拓共建"一带一路"国家市场和业务，中国与共建"一带一路"国家在移动支付、基础设施建设、数字人才培养方面的合作进展迅速。

三、"一带一路"为共建国家数字化转型贡献中国经验

数字技术是"一带一路"国家数字基础设施建设的重要支撑，被视为包容性经济全球化的重要推动工具。"一带一路"国家要想实现数字化发展，弥补其与发达国家的数字鸿沟，需要建设现代数字化体系。这既要有必要的技术，又要有现代化的经营和经营技巧。

第一，中国的数字经济发展实践经验可以为"一带一路"国家提供借鉴。中国是一个发展中国家，在实现数字经济跨越的同时，也在不断地摸索着自己的道路。中国坚持"开放创新，包容普惠"的原则，本着"教人以渔为本"的原则，积极推进数字"一带一路"建设。中国探索了一条更适合共建"一带一路"国家

---

[1] 王战、刘若云：《非洲消费市场正在苏醒》，载《中国投资》，2019 年第 10 期。

的国情和自主发展的发展之路，其目标是构建具有普惠性的产业链、服务链、供应链和价值链，以加速共建"一带一路"国家经济的发展。① 正如联合国非洲经济委员会执行秘书维拉·松薇（Vera Songwe）所指出，数字经济是非洲与中国未来合作的亮点，我们需要弥合这类"数字鸿沟"，迫切希望向中国学习这方面的经验。

第二，中国互联网与通信技术的发展已居世界前列，能与共建"一带一路"国家优势互补。共建"一带一路"国家大部分地区则是数字技术"洼地"，单靠自身的力量进行技术研发的人力、物力成本高，难以获得较快较大的成功。因此，共建"一带一路"国家可以通过引进、消化和吸收中国先进的互联网信息技术，充分利用中国互联网和数字经济的资源，是用先进技术发展来新兴产业经济。而中国通过分享数字转型的巨大红利，也能提升共建"一带一路"国家的数字化建设，从而帮助共建"一带一路"国家在数字产业上"弯道超车"。事实上，中国十分愿意共担数字时代的责任，营造开放、公平、公正、非歧视的数字发展环境。2021年10月，习近平总书记强调，中国高度重视数字经济国际合作，已经决定申请加入《数字经济伙伴关系协定》，愿同各方合力推动数字经济健康有序发展。二十国集团要共担

---

① 黄玉沛：《中非共建"数字丝绸之路"：机遇、挑战与路径选择》，载《国际问题研究》，2019年第4期。

数字时代的责任，加快新型数字基础设施建设，促进数字技术同实体经济深度融合，帮助发展中国家消除"数字鸿沟"。中国已经提出《全球数据安全倡议》，我们可以共同探讨制定反映各方意愿、尊重各方利益的数字治理国际规则，积极营造开放、公平、公正、非歧视的数字发展环境。[①]

综上所述，共建"一带一路"国家在当前的第四次工业革命中拥有历史性的合作机遇，再加上当前在"后疫情"时代快速发展数字经济具有紧迫性，中国与共建"一带一路"国家更需要深化合作共识、扩大合作领域。

---

① 蒋昌俊：《推动数字经济健康发展》，载《人民日报（海外版）》，2021-11-08。

图书在版编目(CIP)数据

数字"一带一路"/刘倩等著. —北京：北京师范大学出版社，2023.4
（高质量共建"一带一路"丛书）
ISBN 978-7-303-28854-0

Ⅰ. ①数… Ⅱ. ①刘… Ⅲ. ①信息经济－经济合作－国际合作－研究－世界 Ⅳ. ①F491

中国国家版本馆 CIP 数据核字(2023)第 029264 号

营 销 中 心 电 话 010-58805385
北 京 师 范 大 学 出 版 社
主题出版与重大项目策划部 http://xueda.bnup.com

SHUZI YIDAIYILU

出版发行：北京师范大学出版社　www.bnup.com
　　　　　北京市西城区新街口外大街 12-3 号
　　　　　邮政编码：100088
印　　刷：北京盛通印刷股份有限公司
经　　销：全国新华书店
开　　本：710mm× 1000mm　1/16
印　　张：16.5
字　　数：170 千字
版　　次：2023 年 4 月第 1 版
印　　次：2023 年 4 月第 1 次印刷
定　　价：86.00 元

策划编辑：祁传华　　　责任编辑：朱前前
美术编辑：王齐云　　　装帧设计：王齐云
责任校对：陈　民　　　责任印制：赵　龙